Widerstand gegen die Staatsgewalt, Verbrechen und Vergehen gegen die öffentliche Ordnung

und

Vergehen gegen die Wehrpflicht, das Heer und die Marine.

im Vorentwurf zu einem deutschen Strafgesetzbuch.

Von

Dr. James Goldschmidt,
a. o. Professor an der Universität Berlin.

Sonderabdruck aus Reform des Reichsstrafgesetzbuchs.

Berlin 1910.
J. Guttentag, Verlagsbuchhandlung,
G. m. b. H.

I. Allgemeines.

Von den drei in der Überschrift genannten Deliktsgruppen bilden die beiden ersten, als Abschnitte 6 und 7, den Abschluß des ersten Buches des *Bes. T.* des *DVE.*, der „Verbrechen und Vergehen gegen den Staat.“ Die dritte Gruppe eröffnet, als Abschnitt 8, das zweite Buch des *Bes. T.* des Vorentwurfs, die „Verbrechen und Vergehen gegen Einrichtungen des Staates“.

Diese Systematik ist zu beanstanden. Gegen die Bildung eines neuen Abschnitts aus den „Vergehen gegen die Wehrpflicht, das Heer und die Marine“ ist allerdings vom systematischen Standpunkte aus nichts einzuwenden. Unerfindlich aber ist, warum dieser, mit einer einzigen Ausnahme (§ 154 Vorentwurf = § 291 StGB)., aus Ablegern der Abschnitte 6 und 7 des StGB. (= den Abschnitten 6, 7 des Vorentwurfs) gebildete Abschnitt nicht noch dem ersten Buch einverleibt ist. Er[1]) gehört jedenfalls eher dahin als die „Verbrechen und Vergehen gegen die öffentliche Ordnung“, von denen Olshausen[2]) mit Recht bemerkt, sie hätten „doch zum Teil keinerlei Bezug auf das Deutsche Reich und die Bundesstaaten, sowie deren staatliche Ordnung“.

Diese systematische Beanstandung hat aber auch praktische Bedeutung. Soll die Unterscheidung von „Verbrechen und Vergehen“ „gegen den Staat“ einerseits und gegen „Einrichtungen des Staates“ andererseits mehr sein als eine bloße Verschiedenheit der Etiketten, so muß sich daraus ableiten lassen, daß jene Delikte, als eigentliche „Staatsverbrechen“, sich im Zweifel nur gegen den inländischen Staat, diese Delikte[3]), als Angriffe auf allgemeine

[1]) Wie übrigens auch der hier nicht zu betrachtende Abschnitt 15 „Verbrechen und Vergehen im Amte“.

[2]) Kommentar, 8. Aufl, Note 2 zu Abschnitt 7 des II. Teils.

[3]) Darunter auch die mit Recht in Buch II eingestellten „Verbrechen und Vergehen in Beziehung auf die Rechtspflege“ (Abschnitt 11 des Vorentwurfs), zu denen vor allem der Meineid (§ 165 Vorentwurf) gehört. Richtig bemerkt Binding, Lehrb. *Bes. T. II. 2, 375* Note 3, die herrschende Ansicht, welche auch den vor ausländischen Behörden geleisteten Meineid als

soziale Einrichtungen, sich im Zweifel auch gegen solche des ausländischen Staats richten können. Ob der Vorentwurf dem Unterschiede diese Bedeutung beigelegt wissen will, ist freilich unsicher. Vielmehr scheint der Vorentwurf die Streitfrage, ob die dem Schutze der Staatsgewalt dienenden Strafvorschriften von Buch I im Zweifel nur die inländische oder auch die ausländische Staatsgewalt schützen, nicht entscheiden zu wollen. Dafür sprechen gerade die Stellung des 8. Abschnitts, der doch offenbar nur die Wehrpflicht der Reiche gegenüber, das deutsche Heer und die Kaiserliche Marine schützen soll, in Buch II, die Belassung der Abschnitte 6 und 7 dagegen in Buch I, trotzdem bezüglich des 6. Abschnitts wenigstens das Reichsgericht (Entsch. VIII. 53) angenommen hat, daß er auch die ausländische Staatsgewalt schütze, und in Abschnitt 7 unbestreitbar zum Teil allgemeine Kulturinteressen geschützt werden. Dafür spricht ferner die Stellung des 5. Abschnitts[1]), welcher seinen Platz, gleich dem ihm entsprechenden 4. Abschnitt des StGB., nach wie vor in der Mitte der „Staatsverbrechen" behalten hat, statt sie ergänzend abzuschließen. Dafür spricht endlich, daß der Vorentwurf bei Fassung der hier in Betracht kommenden Tatbestände gegenüber dem StGB. nirgendwo eine Änderung aufweist, die auf eine Stellungnahme zu der genannten Streitfrage schließen ließe. Dies geht so weit, daß z. B. in § 148 Vorentwurf nur gesagt ist: „Wer eine Person des Soldatenstandes auffordert" usw., indem der Zusatz des entsprechenden § 112 StGB. „es sei des deutschen Heeres oder der Kaiserlichen Marine" ausweislich der Begründung unter Hinweis auf die Anlage zum MilStGB. „als überflüssig" gestrichen ist; daß es dagegen in § 150 Vorentwurf heißt: „Wer einen deutschen Soldaten zur Fahnenflucht anstiftet", offenbar nur, weil es in dem entsprechenden § 141 Abs. 1 Teil 2 StGB. ebenso heißt.

Sollte es aber richtig sein, daß der Vorentwurf die Streitfrage, ob die zum Schutze der Staatsgewalt bestimmten Strafvorschriften im Zweifel nur die inländische oder auch die ausländische Staatsgewalt schützen, keine Stellung nimmt, und daß daher die Rubrizierung eines Abschnitts in Buch I oder II nur stoffanordnende Bedeutung hat, so wäre dieser Standpunkt erst recht nicht zu billigen. Der Gesetzgeber muß zu jener Streitfrage Stellung nehmen, und zwar meines Erachtens in dem Sinne, daß „Staatsverbrechen"

„Meineid" im Sinne unseres Strafgesetzes betrachte, lasse sich verteidigen, „aber nur, wenn man den Meineid nicht fälschlich zu den Staatsverbrechen zieht". Vgl dazu § 180 *OVE.*

1) Verbrechen und Vergehen gegen ausländische Staaten.

im Zweifel nur Angriffe gegen das Inland sind. Die für Abschnitt 6 des StGB.[1]) entgegenstehende Ansicht des Reichsgerichts hat in der Literatur nahezu einmütige Ablehnung gefunden[2]). Ich verweise zur Begründung der Ablehnung insbesondere auf die schlagenden Ausführungen Bindings[3]) und M. E. Mayers[4]). So hat sich denn jetzt auch der *OVE.*, wie aus §§ 101 Abs. 2, 158, 161 Abs. 2 erhellt, auf den Standpunkt gestellt, daß strafbare Handlungen gegen die Staatsgewalt grundsätzlich nur solche gegen das Inland sind.

Um diese Stellungnahme zum gesetzgeberischen Ausdruck zu bringen, würde es genügen, wie bereits Kohler[5]) bemerkt hat, den bisherigen 5. Abschnitt des Vorentwurfs („Verbrechen und Vergehen gegen ausländische Staaten") an das Ende des I. Buchs („Verbrechen und Vergehen gegen den Staat") zu rücken. Damit wäre kenntlich gemacht, daß, mit Ausnahme der Strafdrohungen dieses Ergänzungsabschnitts, die Strafvorschriften des Buches I nur zum Schutze des Inlandes bestimmt sind. Der Abschnitt 8[6]) des Vorentwurfs müßte noch dem I. Buch einverleibt werden, um außer Frage zu stellen, daß „Vergehen gegen die Wehrpflicht, das Heer und die Marine" nur solche gegen die entsprechenden deutschen Staatseinrichtungen sein können; das Beiwort „deutschen" in § 150 Vorentwurf könnte dann um so eher fallen[7]). Umgekehrt sollte der 7. Abschnitt des Vorentwurfs („Verbrechen und Vergehen gegen die öffentliche Ordnung") in das Buch II übernommen werden, da die in ihm behandelten Delikte im Zweifel nicht Verletzungen der nationalen, sondern jeder gesetzlichen Ordnung sind[8]). So-

---

[1]) Vgl. aber auch für Art. 177 des niederländischen StGB. (= § 333 StGB), sowie Art. 84 das. RGEntsch. *XV. 222 ff.* Es handelt sich dort um den umgekehrten Fall. Das RG. setzt als selbstverständlich voraus, daß „Beamte" im Sinne des niederländischen StGB. auch deutsche Beamte seien. Über diese Entscheidung s. noch unten S. 43 Anm. 2.

[2]) Vgl. die Zitate bei M. E. Mayer, *Vergl. Darst. Bes T. I. 439* Note 5. Vgl. übrigens das Reichsgericht selbst in den Entsch. *XIV. 128, XIX. 196.*

[3]) Lehrb. *Bes. T. II. 2, 373 ff.*

[4]) A. a. O. S. 439 ff.

[5]) In Goltdammers Archiv *LVI. 302.*

[6]) Ebenso der hier nicht zu erörternde Abschnitt 15 („Verbrechen und Vergehen im Amte").

[7]) Vgl. im übrigen über § 150 Vorentwurf unten unter IV.

[8]) Was für den Landfriedensbruch (§ 133 Vorentwurf) bereits zutreffend von Heilborn i. d. Ztschr. f. d. ges. Strafr.-Wiss. *XVIII. 217 ff.* ausgeführt worden ist. Dagegen bezieht Hegler, Prinzipien des internat. Strafrechts (Strafrechtl. Abhdl. Heft 67) S. 95 bei Note 3, auch die Delikte des 7. Abschnitts des StGB. nur auf das Inland.

weit sich auch unter ihnen unzweifelhafte „Staatsverbrechen" befinden, wie die Staatsverleumdung (§ 138 Vorentwurf), die Verletzung von Hoheitszeichen (§ 144 Vorentwurf)[1]), könnten diese im 6. Abschnitt Unterkunft finden, dessen Titel „Widerstand gegen die Staatsgewalt" dann besser, entsprechend den Titeln des 15. Abschnitts des *Sch.* und des XIII. Hauptstücks des *OVE.*, „Verbrechen und Vergehen gegen die Staatsgewalt" lauten würde. Paßt doch der Ausdruck „Widerstand" ohnehin nicht mehr, seitdem, wie wir sofort sehen werden, der Begriff des „Widerstandleistens" aus den Tatbeständen des Abschnitts (außer in § 130 Abs. 1, wo er anscheinend versehentlich stehen geblieben ist) gestrichen ist. Andererseits würde auch die Überschrift des auf die angegebene Weise von jeder nationalen Begrenztheit seiner Schutzobjekte befreiten II. Buchs besser geändert. Vielleicht könnte man statt „Verbrechen und Vergehen gegen Einrichtungen des Staates" sagen „Verbrechen und Vergehen gegen die Allgemeinheit" oder gegen „die öffentliche Wohlfahrt und Sicherheit". Ist doch überhaupt nicht recht klar, gegen welche „Einrichtung des Staates" z. B. die Brandstiftung (§ 189 Vorentwurf) verstoßen soll.

Würde die vorgeschlagene Regelung angenommen, so wären also die Delikte des I. Buchs grundsätzlich nicht strafbar, wenn sie gegen das Ausland begangen werden, und zwar gleichgültig, ob im In- oder Ausland, von einem In- oder Ausländer begangen. In Erwägung zu ziehen wäre dann aber zweierlei:

Einmal, in Anlehnung an § 101 Abs. 2 *OVE.*, eine Erweiterung von § 12 Ziff. 3 des Vorentwurfs dahin, daß das Gesetz unter einem „Beamten" verstehe „eine Person, die zur Ausübung eines in- oder ausländischen öffentlichen Amtes im Inlande berufen ist". Damit werden Schutz und Verantwortlichkeit inländischer Amtsträger ausgedehnt z. B. auf im Inlande amtlich fungierende ausländische Zoll-, Eisenbahn- oder Polizeibeamte[2]).

[1]) Vgl. denn auch §§ 164—166 *OVE.* Ob auch die §§ 139—143 *DVE.* „Staatsverbrechen" sind, bleibe dahingestellt. Der *SchVE.* (Art. 203, 207, 208, 283) behandelt die Delikte der §§ 139, 141—143 des *DVE.* als „Verbrechen (bzw. Übertretungen) gegen die Staatsgewalt", der *OVE.* (§§ 201, 204, wohl auch 457) wenigstens als „Strafbare Handlungen gegen die Verwaltung" (das Delikt des § 140 *DVE.* ist, soweit ich sehe, den beiden anderen Vorentwürfen überhaupt fremd). Über die vom Vorentwurf aus dem 6. Abschnitt des StGB. in den 7. Abschnitt des Vorentwurfs (= 7. Abschnitt des StGB.) erst übernommene „Aufwiegelung" vgl unten unter III bei Erörterung des § 131 Vorentwurf; über §§ 145, 147 Vorentwurf vgl. ebenda bei Erörterung dieser Paragraphen.

[2]) Vgl. dazu insbes. schon Binding, Lehrb. *Bes. T. II. 2, 376*; M. E.

Sodann wäre zu erwägen, ob nicht der 5. Abschnitt des *Bes. T.* des Vorentwurfs („Verbrechen und Vergehen gegen ausländische Staaten“) um eine Bestimmung vermehrt werden könnte, wonach bei Verbürgung der Gegenseitigkeit auch Widerstand und Aufruhr gegen die ausländische Staatsgewalt unter Strafe zu stellen wären. Vorbilder dafür sind § 127 Abs. 4 des norwegischen StGB. und nunmehr auch §§ 158, 161 Abs. 2 des *OVE.*[1]).

II. Widerstand gegen die Staatsgewalt.

§ 126 Vorentwurf. Wenden wir uns zunächst dem 6. Abschnitt des Vorentwurfs zu, so sind sofort folgende Veränderungen gegenüber dem gleichnamigen 6. Abschnitt des StGB. feststellbar: die bisherigen §§ 110, 111 sind aus dem Abschnitt ausgeschieden und als § 131 in den 7. Abschnitt versetzt[2]); ingleichen ist der bisherige § 112 herausgenommen, den wir als § 148 in Abschnitt 8 wiederfinden. Die bisherigen §§ 113, 114, 117—119 sind in dem neuen § 126 zusammengefaßt. Endlich umfaßt § 129 Vorentwurf nicht nur die bisherigen §§ 120, 121 StGB., sondern auch dessen § 347.

Von diesen Veränderungen darf die Zusammenfassung der §§ 113, 114, 117—119 StGB. als eine glückliche bezeichnet werden. Sie ist dadurch ermöglicht worden, daß vor allem die Sonderung des Widerstandes gegen Vollstreckungsbeamte (§ 113 Abs. 1 StGB.) und der Beamtennötigung (§ 114 StGB.) aufgegeben ist. Mit Recht betont die Begr. S. 465, daß das Verhältnis dieser beiden Vorschriften zueinander „nicht durchsichtig“ sei[3]). Bei Zusammen-

---

Mayer, *Vergl. Darst. Bes. T. I. 439* Note 4, auch S. 490 das. Das Umgekehrte, Schutz und Verantwortlichkeit im Auslande fungierender deutscher Amtsträger nach deutschem Strafrecht, ergibt sich ohne weiteres aus § 4 Vorentwurf. Insoweit im Ergebnis zu billigen RG. Entsch. *XV. 224.*

[1]) Vgl. bereits M. E. Mayer, *Vergl. Darst. Bes. T. I. 442.* Die Verfolgung dürfte natürlich, wie nach §§ 123, 124 Vorentwurf, nur auf zurücknehmbaren Antrag eintreten.

[2]) Vgl. darüber unten unter III bei Erörterung des § 131 Vorentwurf.

[3]) Vgl. dazu insbes. M. E. Mayer, *Vergl. Darst. Bes. T. I. 459, 463, 464, 496.* Ebenso Art. 200 Ziff. 1 *SchVE.* Der *OVE.* unterscheidet Hinderung (§§ 154, 155) und Nötigung (§§ 156, 157), und zwar einer Person des öffentlichen Dienstes durch Gewalt oder Androhung eines rechtswidrigen Nachteils (§§ 154, 156) und durch Androhung eines Nachteils, zu dessen Zufügung der Täter berechtigt ist (§§ 155, 157). Daneben steht die „Beschimpfung und Mißhandlung einer Person des öffentlichen Dienstes“ (§ 159).

legung der beiden §§ 113, 114 StGB. legt der § 126 Vorentwurf das bisherige Gattungsdelikt, den § 114, zugrunde. In ihm geht der § 113 insoweit auf, als das „Widerstandleisten“ gegenüber „Vollstreckungsbeamten“ einen Unterfall des Versuchs der „Nötigung zur Unterlassung“ oder der „Hinderung von Amtshandlungen“ überhaupt bildet. Das Tatbestandsmerkmal des „Widerstandleistens“ fällt also fort. Dagegen bedurfte es neben dem Versuch der „Nötigung“ und „Hinderung“ der Beibehaltung des „tätlichen Angriffs“ aus § 113 StGB., da „tätliche Angriffe denkbar“ sind, „deren Ziel nicht die Abhaltung von der Amtshandlung ist“ (Begr. S.467)[1]. Während aber Schutz gegen „Nötigungs-“ und „Hinderungsversuche“ allen „Behörden“ und „Beamten“, und zwar diesen gemäß § 12 Ziff. 3 Vorentwurf jetzt in dem erweiterten Sinne von „Amtsträgern“, gewährt wird, wird der Schutz gegen „tätliche Angriffe“ nach wie vor nur „Vollstreckungsbeamten“[2]) gewährt. Insofern bringt also die Zusammenlegung der §§ 113, 114 grundsätzlich keine Erweiterung und mithin keine Verschärfung des Strafschutzes[3]). Eine Milderung enthält § 126 Vorentwurf insofern, als, im Gegensatz zu § 114 StGB.[4]), die Nötigungs- oder Hinderungsmittel, entsprechend § 113 StGB., auf „Gewalt“ und „Drohung mit Gewalt“ beschränkt werden.

Ebenso wie die Sonderung der §§ 113, 114 StGB. ist die Sonderstellung des Forst- und Jagdwiderstandes (§§ 117—119 StGB.) aufgegeben. Die in § 117 StGB. bezeichneten Personen werden einfach den Vollstreckungsbeamten gleichgestellt. Einbezogen ist der Fischereischutz, was gewiß auf allseitige Zustimmung rechnen kann. Die Strafschärfungsgründe der §§ 117 Abs. 2, 118, 119 StGB. sind in § 126 Abs. 3 Vorentwurf von der ihnen anhaftenden Kasuistik befreit und auf den allgemeinen Gedanken einer schweren persönlichen Gefährdung oder erheblichen körperlichen Verletzung des Beamten usw. zurückgeführt.

Auf der anderen Seite hat die Zusammenlegung der §§ 113, 114, 117—119 StGB. gewisse Folgen nach sich gezogen, gegen deren Ziehung Bedenken bestehen.

Das ist vor allem die Erhöhung des Höchstmaßes von jetzt zwei Jahren Gefängnis in § 113 für den Widerstand auf fünf Jahre

---

1) Ebenso Art. 200 Ziff. 1 *SchVE.*

2) Denen die in § 113 Abs. 3 StGB. Genannten gleichgestellt werden.

3) Anders insbes. Art. 200 Ziff. 1 *SchVE.*

4) Und zu Art. 200 Ziff. 1 *SchVE.*, §§ 154—157 *OVE.*, von denen überdies der *SchVE.* Art. 201 noch die einfache Hinderung oder Störung einer Amtshandlung, der *OVE.* § 160 noch die „Einmengung in eine Amtshandlung oder Dienstverrichtung“ mit Strafe bedroht.

in § 126 Vorentwurf. Die Begr. S. 468 rechtfertigt sie mit der Einbeziehung des § 114 StGB., der dieses Höchstmaß schon habe. Diese Rechtfertigung dringt nicht in die Tiefe. Die praktische Wichtigkeit des § 113 überwiegt weitaus die des § 114. So sind im Jahre 1907 Verurteilungen erfolgt auf Grund des § 113 in 19051 Fällen, auf Grund des § 114 in 241 Fällen. Soll nun bei einer Vereinigung beider Paragraphen wegen der so überaus seltenen Fälle der Beamtennötigung das Höchstmaß für alle Fälle des Widerstandes gegen Vollstreckungsbeamte so erheblich erhöht werden? In der Tat aber rechtfertigt nicht einmal die Rücksicht auf den einbezogenen § 114 diese Erhöhung. Denn von den im Jahre 1907 auf Grund des § 114 verurteilten Personen ist nur gegen eine auf zwei Jahre Gefängnis und mehr, ja nur gegen eine auf Gefängnis von einem Jahr bis unter zwei Jahren erkannt worden. Danach dürften in § 126 Abs. 1 Vorentwurf als anzudrohendes Höchstmaß, trotz Einbeziehung des § 114, zwei Jahre Gefängnis ausreichen. Auch der dem § 126 *DVE.* entsprechende Art. 200 Ziff. 1 des *SchVE.* droht als Höchstbetrag nur zwei Jahre Gefängnis an (vgl. Art. 29 das.). Ebenso droht der *OVE.* §§ 154, 156 gegen Beamtennötigung höchstens zwei Jahre Gefängnis an[1]).

Die Herabsetzung des Höchstmaßes auf zwei Jahre Gefängnis in 126 Abs. 1 Vorentwurf dürfte um so unbedenklicher sein, als für alle schwereren Fälle der Nötigung und des tätlichen Angriffs die Strafschärfung des Abs. 3 (Gefängnis nicht unter drei Monaten, in besonders schweren Fällen — § 84 Vorentwurf — Zuchthaus bis zu fünf Jahren) Platz greift. Denn die Strafschärfungsgründe der §§ 117 Abs. 2, 118, 119 StGB. sind nicht nur, wie oben ausgeführt, begrifflich verallgemeinert, sondern auch, mit der Zusammenlegung dieser Paragraphen mit den §§ 113, 114 StGB., auf diese ausgedehnt. Damit kommen wir nun freilich zu einer weiteren Konsequenz der Zusammenlegung der §§ 113, 114, 117—119 StGB., über deren Ziehung durch den Vorentwurf man geteilter Ansicht sein kann. Die Begr. S. 469 führt zur Rechtfertigung dieser, wie sie selbst S. 470 zugibt, „erheblichen Verschärfung“ an, auch die übrigen Exekutivbeamten, der Polizeibeamte, Steuererheber, Gerichtsvollzieher, könnten „bei Ausübung ihres Amtes in gefährliche Lagen kommen, die an Bedenklichkeit der Lage des Försters im Walde

[1]) Das Höchstmaß von zwei Jahren genügt eben hier wie überall, wo überhaupt Gefängnis anzudrohen ist. Der beste Beweis, daß der Hauptgrund des diesseitigen Vorschlags (*Vergl. Darst. Allg. T. IV. 358*), das Gefängnismaximum auf zwei Jahre zu beschränken, nicht „ein mehr äußerlicher und theoretischer“ ist, wie die Begr. S. 60 zur Rechtfertigung seiner Ablehnung behauptet.

nichts nachgeben". Insbesondere wird darauf hingewiesen, daß auf den Straßen der größeren Städte der angegriffene Beamte sich häufig vereinzelt einer sich ansammelnden größeren Menschenmenge gegenüber befinde, „die fast stets gegen ihn Partei ergreift und häufig zu den schwersten Gewalttätigkeiten gegen ihn übergeht".

Wer wollte leugnen, daß diese letztgenannte Eventualität sich leider häufig genug ereignet, und daß den Beamten hier unbedingt ausreichender Strafschutz zuteil werden muß. Sollten indessen nicht gerade hier die Aufruhrbestimmungen (§ 127 Vorentwurf) ausreichen?[1]) Und sieht man von den Gefahren ab, die einem Exekutivbeamten von einer öffentlich zusammengerotteten Menschenmenge drohen, so ist es doch immer wieder der Forst- und Jagdschutzbeamte, der erhöhten Schutzes bedarf. Nur er sieht sich fast stets einem bewaffneten Gegner gegenüber, und das an einem Orte, wo er meist weit von menschlicher Hilfe entfernt ist. Würde wirklich das Bedürfnis nach einer Verschärfung der Strafdrohung auch bei dem gewöhnlichen „Widerstande gegen Vollstreckungsbeamte" bestehen, so wären wohl nicht im Jahre 1907 von 10689 wegen Widerstandes zu Gefängnis Verurteilten nur 62 mit Gefängnis von einem Jahre und darüber belegt worden. Andererseits würde es vielleicht wirklich einen etwas seltsamen Eindruck machen, nachdem einmal die Zusammenfassung der §§ 113, 114 mit den §§ 117 bis 119 in § 126 Vorentwurf in Aussicht genommen ist, den verstärkten Strafschutz des § 126 Abs. 3 nur den Forst- und Jagdschutz-Beamten und -Berechtigten angedeihen zu lassen[2]). Auf alle Fälle wird die Ausdehnung der Verschärfungen des § 126 Abs. 3 auf den Widerstand gegen alle Beamten nochmals ernster Prüfung zu unterziehen sein umsomehr, als die von § 126 Abs. 3 *DVE.* vorgesehenen Strafschärfungen, soweit ich sehe, dem *SchVE.* und *OVE.*[3]) überhaupt fremd sind[4])[5]).

---

[1]) Daß die Aufruhrbestimmungen in solchen Fällen ausreichen, hebt die Begr. S. 473 bei Rechtfertigung der Streichung des § 116 Abs. 2 StGB. selbst zutreffend hervor.

[2]) Zumal dieser Standpunkt unseres StGB. nirgendwo in der ausländischen Gesetzgebung geteilt wird; so M. E. Mayer, *Vergl. Darst. Bes. T. I.* 512.

[3]) Der nur in §§ 154 Ziff. 2, 156 Ziff. 2 Rückfallsschärfungen vorsieht.

[4]) Über die sonstigen fremden Rechte s. M. E. Mayer, *Vergl. Darst. Bes. T. I. 512 ff.*, der ebenfalls (S. 514) bemerkt, das „negative Ergebnis der Rechtsvergleichung" scheine „für diesen Abschnitt das am meisten beachtenswerte zu sein".

[5]) Sollte die in § 126 Abs. 3 Vorentwurf vorgesehene Strafschärfung wieder, dem geltenden Recht entsprechend, auf den Forst- und Jagdwider-

Ein großer, unzweifelhafter Fortschritt ist die Beseitigung der erhöhten Strafmindestmaße der §§ 113, 114 StGB. und die in § 126 Abs. 1 (wenigstens bei mildernden Umständen), wie auch sonst fast durchweg in den Abschnitten 6 bis 8, vorgesehene alternative Androhung von Haft neben Gefängnis[1]).

Nur in zwei Beziehungen bereitet die Behandlung des „Widerstandes" im *DVE.* eine gewisse Enttäuschung.

Zwei brennende Streitfragen knüpfen sich an den § 113 StGB. Beide betreffen die „Rechtmäßigkeit der Amtsausübung". Die eine bezieht sich auf deren objektiven Tatbestand und dreht sich im wesentlichen um die folgenden beiden Punkte: Befindet sich ein Vollstreckungsbeamter, der unmittelbar und nach eigenem Ermessen „zur Vollstreckung von Gesetzen" (z. B. vorläufige Festnahme, Beschlagnahme) berufen ist, dann in „rechtmäßiger Ausübung seines Amtes", wenn die tatsächlichen Voraussetzungen seines Einschreitens in concreto nicht vorliegen, er aber zur Annahme ihres Vorliegens auf Grund pflichtmäßigen Ermessens gelangt ist?[2]) Und: Befindet sich der einen rechtswidrigen, aber für ihn bindenden Dienstbefehl vollstreckende Beamte in „rechtmäßiger Amtsausübung?"[3]). Die andere Streitfrage bezieht sich auf den subjektiven Tatbestand: Gehört zum Vorsatz das Bewußtsein, daß sich der Beamte in der rechtmäßigen Ausübung seines Amtes befindet?[4])

stand beschränkt werden, so müßte dieser — zusammen mit dem Fischereiwiderstand — geschlossen in Abs. 2 des § 126 behandelt und Abs. 3 in einen Satz 2 zu Abs. 2 verwandelt werden.

[1]) Entsprechend den diesseitigen Vorschlägen in der *Vergl. Darst. Allg. T. IV. 342, 343.*

[2]) Vgl. darüber u. a. Olshausen, Note 14, 15 c zu § 113; Frank, StGB. 5.—7. Aufl., Nr. III 2 zu § 113; Binding, Lehrb. *Bes. T. II. 2, 769, 770*; M. E. Mayer, *Vergl. Darst. Bes. T. I. 452, 453*; Mersmann, Der Begriff der Rechtmäßigkeit der Amtsausübung usw., Strafrechtl. Abhdl. Heft 96; neuerdings auch Goldschmidt, Rechtsgrund und Rechtsnatur der staatlichen Entschädigungspflicht gegenüber unschuldig Verhafteten und Bestraften (1910) unter III das.

[3]) Vgl. darüber u. a. Olshausen, Note 15 a zu § 113; Frank a. a. O.; Binding, a. a. O. S. 771; M. E. Mayer, a. a. O. S. 447; Mersmann, a. a. O. S. 94 ff.; neuerdings auch Goldschmidt, Ungerechtfertigter Vollstreckungsbetrieb (in Fischers Abhandlungen zum Privatrecht und Zivilprozeß, *XX. 3*, 1910), § 11 S. 76 ff.

[4]) Vgl. darüber u. a. Olshausen, Note 28 zu § 113; Frank, Nr. VI zu § 113; Binding, a. a. O. S. 779; M. E. Mayer, a. a. O. S. 455; Mersmann, a. a. O. S. 116 ff.; neuerdings auch Goldschmidt, Rechtsgrund und Rechtsnatur usw., a. a. O.

Auf beide Streitfragen hatte ich vom *DVE.* oder doch wenigstens seiner Begr. eine Antwort erwartet. Bei beiden fehlt sie. Wie sich aus dem Tatbestand des § 126 Vorentwurf ergibt, wird, entsprechend § 113 StGB., zur Strafbarkeit der „Hinderung" einer Amtshandlung und des „tätlichen Angriffs" während einer solchen die „Rechtmäßigkeit" der „Amtshandlung" bzw. „Amtsausübung" vorausgesetzt, während die „Nötigung" zu einer Amts handlung durch „unzulässigen Zwang", entsprechend § 114 StGB., strafbar sein soll, gleichgültig ob die abgenötigte Handlung rechtmäßig oder rechtswidrig ist[1]). Wann aber „Rechtmäßigkeit der Amtshandlung" oder „Amtsausübung" gegeben ist, darüber schweigen Vorentwurf wie Begr. Letztere bemerkt nur (S. 467), durch die Ausdrucksweise des § 126 sei nach wie vor sicher gestellt, daß die Versäumung unwesentlicher Formvorschriften den Amtsakt nicht zu einem unrechtmäßigen mache. Betreffs des zum Tatbestand gehörigen Vorsatzes aber beschränkt sich die Begr. S. 468 auf die Bemerkung, es „gelten die allgemeinen Vorschriften und Grundsätze".

Es scheint danach jedenfalls bezüglich des objektiven Tatbestandsmerkmals der „rechtmäßigen Amtshandlung" alles beim alten bleiben zu sollen. Legt man hier die Praxis des Reichsgerichts zugrunde, so würden der unmittelbar und nach eigenem Ermessen „zur Vollstreckung von Gesetzen berufene" Vollstreckungsbeamte, der in entschuldbarem Tatirrtum handelte[2]), ebenso der

---

[1]) Ebenso Art. 200 Ziff. 1 *SchVE.*, der sogar für die Strafbarkeit des tätlichen Angriffs von dem Erfordernis der „Rechtmäßigkeit" der Amtsausübung absieht. In gerader Umkehrung vom *DVE.* verlangt der österreichische §§ 154 bis 157 zur Strafbarkeit der „Hinderung" eine „Rechtmäßigkeit" der verhinderten Amtshandlung wenigstens dann nicht, wenn die Hinderungsmittel „Gewalt" oder Androhung eines „rechtswidrigen Nachteils" sind, dagegen zur Strafbarkeit der „Nötigung" stets eine „Rechtswidrigkeit" der abgenötigten Handlung. Freilich darf auch in jenem Falle (§ 154 Abs. 3) die verhinderte Handlung keinen „Mißbrauch der Amtsgewalt" (§ 167 *OVE.*) begründen oder außerhalb der Zuständigkeit des Beamten liegen. M. E. Mayer, *Vergl. Darst. Bes. T. I. 498, 509,* möchte die Strafbarkait im Prinzip beschränkt wissen auf die „Hinderung" einer „rechtmäßigen" und die „Nötigung" zu einer „rechtswidrigen" Amtshandlung; er will aber dies Prinzip für die „Hinderung" vermittels einer sogenannten „nachgiebigen Methode" (a. a. O. S. 510, 511), die er in § 127 Abs. 2 des norwegischen StGB. verwirklicht findet, durchgeführt sehen. Vgl. darüber, sowie über die diesseitige Ansicht sofort unten im Text.

[2]) Vgl. die bei Olshausen, Note 14, 15c zu § 113 zitierten Entscheidungen. Dabei kommt es übrigens nicht darauf an, daß es sich gerade um

auf bindenden rechtswidrigen Befehl[1]) handelnde Vollstreckungsbeamte sich in „rechtmäßiger Amtsausübung“ befinden.

Von diesen Annahmen erachte ich die erste für unhaltbar, sei es auch nur aus dem Grunde, daß sie, konsequent durchgeführt, dabei landen muß, die Strafbarkeit des Widerstandleistenden von seiner Kenntnis der bona fides des Beamten abhängig zu machen[2]). Daß sie für den Vorentwurf Geltung behält, ist aber ganz ausgeschlossen. Denn das Reichsgericht hat ausdrücklich erklärt[3]), daß nur beim Beamten, nicht dagegen bei dem Privataufseher des § 117 StGB. entschuldbarer Tatirrtum die Rechtmäßigkeit seiner Handlungen unberührt lasse. Liegt hierin schon für das geltende Recht eine Inkonsequenz[4]), so wird das Nebeneinanderbestehen dieser beiden Interpretationen unmöglich für den § 126 Vorentwurf, der die §§ 113, 117 zusammenfaßt. Und muß eine der beiden Auslegungen aufgegeben werden, so ist es die bezüglich der Rechtmäßigkeit der Amtshandlung, die das Reichsgericht in seiner Entscheidung *VI. 403* eigentlich selbst als eine anomale, nur mit „staatsrechtlicher Erwägung“ zu rechtfertigende bezeichnet. Auf der anderen Seite darf dem Vollstreckungsbeamten der Schutz des § 126 Vorentwurf nicht bloß wegen materieller Unrichtigkeit seines Handelns versagt werden, zumal dann nicht, wenn er pflichtmäßig gehandelt hat. Vielmehr soll § 126 Vorentwurf, so gut wie zurZeit § 113 StGB., den Vollstreckungsbeamten schon dann schützen, wenn er innerhalb seiner (sc. abstrakten)[5]) sachlichen und örtlichen

---

einen unmittelbar „zur Vollstreckung von Gesetzen berufenen“ Beamten im Sinne des § 113 StGB. handelt, sondern darauf, ob im Einzelfall der Vollstreckungsbeamte (z. B. Gerichtsvollzieher) das Gesetz unmittelbar zu „konkretisieren“ berufen ist; vgl. darüber Goldschmidt, Rechtsgrund usw. der staatlichen Entschädigungspflicht usw. unter III das. Schon aus diesem Grunde kann jene Interpretationsmöglichkeit auch nach dem Vorentwurf § 126 bestehen bleiben, der anstatt „Beamten, welcher zur Vollstreckung von Gesetzen, von Befehlen und Anordnungen von Verwaltungsbehörden oder von Urteilen und Verfügungen der Gerichte berufen ist“ in § 113 StGB. einfach sagt: „zur Vornahme von Vollstreckungen berufenen . . . Beamten“. Die Änderung ist übrigens eine rein redaktionelle (vgl. Begr. S. 468).

[1]) Vgl. die bei Olshausen, Note 15a zu § 113 zitierten Entscheidungen.

[2]) Vgl ausführlich darüber Goldschmidt, Rechtsgrund u. Rechtsnatur usw., a. a. O. unter III das.

[3]) Entsch. in Strafs. *I. 112, VI. 400.*

[4]) Binding, Lehrb. *Bes. T. II. 2, 792* zu Note 1.

[5]) Vgl. dazu Goldschmidt, Rechtsgrund usw. der staatlichen Entschädigungspflicht usw. unter V das.

Zuständigkeit und unter Beobachtung der wesentlichen Formen[1]) gehandelt hat, kurz nicht nur dann, wenn ihm ein staatliches ius exequendi, sondern schon dann, wenn ihm ein staatliches ius executionis zur Seite steht[2]).

Umgekehrt ist die Annahme, daß der auf bindenden rechtswidrigen Befehl handelnde Vollstreckungsbeamte sich in rechtmäßiger Amtsausübung befinde, zwar meines Erachtens ohne weiteres rechtlich begründet[3]). Daß aber hier der Widerstand immer strafwürdig sei, wird nicht ohne Grund geleugnet.

Anlangend den subjektiven Tatbestand steht das Reichsgericht[4]) bekanntlich auf dem Standpunkt, daß in § 113 das Bewußtsein der Rechtmäßigkeit der Amtshandlung nicht zum Tätervorsatz gehöre. Über die Unvereinbarkeit dieser Ansicht mit den obersten strafrechtlichen Grundprinzipien, mit § 59 StGB., ist sich schon de lege lata alle Welt einig. Da die Begr. erklärt, bezüglich des zum Tatbestand des § 126 Vorentwurf gehörigen Vorsatzes sollten die „allgemeinen Vorschriften und Grundsätze“ gelten, so scheinen wenigstens die Verfasser des Vorentwurfs an dieser Ansicht des RG. nicht festhalten zu wollen. Sie wird nach dem Vorentwurf wiederum besonders unmöglich durch die Zusammenfassung der §§ 113, 117 StGB., indem bei Widerstand gegen die Privatpersonen des § 117 auch das Reichsgericht (Entsch. *XX. 156*) verlangt, daß der Täter das Bewußtsein der Rechtmäßigkeit der Rechtsausübung gehabt habe. Immerhin scheint mir zweifelhaft, ob die Verfasser des Vorentwurfs die von ihnen anscheinend beabsichtigte Auslegung des § 126 Vorentwurfs gegenüber der ständigen entgegengesetzten Praxis des RG. auch genügend sichergestellt haben. Über die §§ 58, 59 Vorentwurf könnte sich die Praxis nicht minder leicht hinwegsetzen als über den § 59 StGB. Und — was die Hauptsache ist — hat nicht auch hier wieder die Praxis kriminal-

---

1) Zu denen auch die wesentlichen formalen Voraussetzungen der Amtsausübung gehören.

2) Vgl. darüber ausführlich Goldschmidt, a. a. O. unter III das.; vgl. auch dens., Ungerechtfertigter Vollstreckungsbetrieb, § 11 S. 78.

3) Vgl. darüber ausführlich Goldschmidt, Ungerechtfertigter Vollstreckungsbetrieb, a. a. O. § 11 S. 76ff. — Ich stehe also dogmatisch auf dem konträr entgegengesetzten Standpunkt zu Binding, Lehrb. *Bes. T. II. 2, 769–773*, u. M. E. Mayer, a. a. O. S. 447, 452, welche rechtmäßige Amtsausübung annehmen unter den oben genannten Umständen bei dem in entschuldbarem Tatirrtum, dagegen nicht bei dem auf bindenden rechtswidrigen Befehl handelnden Vollstreckungsbeamten.

4) Vgl. die bei Olshausen, Note 28 zu § 113 zitierten Entscheidungen.

4*

politisch recht, wenn sie den Renitenten nicht freikommen lassen will auf die billige und schwer widerlegbare Angabe hin, er habe geglaubt, die Amtshandlung sei sachlich ungerechtfertigt[1])?

Aus allen diesen Gründen kann man zusammenfassend sagen: Der Widerstand gegen Vollstreckungsbeamte ist mitunter strafwürdig, obgleich die Amtshandlung in der Sache ungerechtfertigt ist, oder obgleich doch dem Täter das Bewußtsein dieser Rechtfertigung fehlt, mitunter ist er nicht strafwürdig, obgleich die Amtsausübung gerade des Vollstreckungsbeamten eine unbedingt rechtmäßige ist. Von ähnlichen Gesichtspunkten ausgehend, hat bereits M. E. Mayer[2]) vorgeschlagen, in Anlehnung an § 127 Abs. 2 des norwegischen StGB., speziell für die zwangsmäßige „Hinderung“ von Amtshandlungen die „Hinderung“ jeder Amtshandlung mit Strafe zu bedrohen, den Richter aber zu autorisieren, die Strafe zu mildern oder ganz wegfallen zu lassen, wenn der Beamte den Widerstand durch ungebührliches Verhalten veranlaßt hat. Die Begr. des *DVE.* geht auf die Mayersche Anregung nicht ein. Gegen sie spricht einmal, daß sie sich von der festen Basis, daß grundsätzlich nur Widerstand gegen rechtmäßige Amtshandlungen strafbar sein soll, zu weit entfernt und dem Richter ein zu weites diskretionäres Ermessen einräumt, sodann aber, daß die zu berücksichtigenden Fälle nicht genügend getroffen werden[3]). Binding[4]) regt an, de lege ferenda bei Unentschuldbarkeit des Irrtums darüber, daß der Täter einen Beamten in rechtmäßiger Amtsausübung vor sich habe, Bestrafung wegen fahrlässigen Widerstandes eintreten zu lassen. Aber auch damit würde nur ein Teil der berücksichtigenswerten Fälle getroffen werden. Ich möchte zu § 126 Vorentwurf folgenden Zusatz vorschlagen:

> „Eine rechtmäßige Amtshandlung oder Amtsausübung im Sinne dieses Paragraphen liegt auf seiten eines zur Vornahme von Vollstreckungen oder zum Forst-, Jagd- oder Fischereischutz berufenen Beamten dann vor, wenn der Beamte innerhalb seiner Zuständigkeit und unter Beobachtung der wesentlichen Formen gehandelt hat; war die Amtshandlung oder Amtsausübung in der

[1]) Vgl. denn auch Kohler, Studien aus dem Strafrecht, *I. 73, 74.*

[2]) *Vergl. Darst. Bes. T. I. 453, 494ff.*, insbes. *509—511.*

[3]) Beides hebt Mersmann, a. a. O. S. 126ff., mit Recht gegenüber Mayer hervor; aber auch Mersmanns eigene Vorschläge, a. a. O. S. 129ff., treffen nicht das, was, wenigstens nach meinem Dafürhalten, getroffen werden muß.

[4]) Lehrb. *Bes. T. II. 2, 780* Note 3.

Sache ungerechtfertigt, so tritt die bei mildernden Umständen vorgesehene Strafe ein, auch kann in besonders leichten Fällen (§ 83) von Strafe überhaupt abgesehen werden[1]).“

Diese Fassung scheint mir alles Wünschenswerte zu berücksichtigen. Sie hält daran fest, daß die „Rechtmäßigkeit“ der gehinderten[2]) oder gestörten Amtshandlung grundsätzlich Tatbestandsmerkmal des „Widerstandes“ auch gegen Vollstreckungsbeamte ist, und daß der Täter folgeweise auch das Bewußtsein dieses Tatbestandsmerkmals haben muß. Sie beschränkt aber hinsichtlich des Vollstreckungsbeamten mindestens für den Bereich des § 126 den Inhalt der „Rechtmäßigkeit“ auf die (sc. abstrakte) Kompetenzmäßigkeit der Amtshandlung und ihre Vornahme unter Beobachtung der wesentlichen Förmlichkeiten (einschließlich der wesentlichen formalen Voraussetzungen). Der Widerstand soll also strafbar bleiben auch dann, wenn die Amtshandlung des Vollstreckungsbeamten in der Sache ungerechtfertigt war, d. h. also insbesondere dann, wenn der Beamte in entschuldbarem Tatirrtum oder auf bindenden rechtswidrigen Befehl gehandelt hat. Noch viel weniger entschuldigt die irrige Vorstellung des Täters, er habe die Amtshandlung für sachlich ungerechtfertigt gehalten, wogegen dem Täter die Vorstellung der Kompetenz- und Formgemäßheit der Amtshandlung allerdings nachgewiesen werden muß, aber auch leicht nachgewiesen werden kann. Dafür erhält der Umstand, daß die Amtshandlung sachlich ungerechtfertigt war, auf alle Fälle die Bedeutung eines obligatorischen Strafmilderungs-, in besonders leichten Fällen (§ 83 Vorentwurf) die Bedeutung eines fakultativen Strafbefreiungsgrundes. Unberührt bleibt die Möglichkeit, bei entschuldbar irriger Annahme sachlich ungerechtfertigter Amtsausübung mildernde Umstände für vorliegend zu erachten oder die Strafe auf Grund des § 83 Vorentwurf nach freiem Ermessen zu mildern[3]).

---

[1]) Vgl. ganz ähnliche Vorschläge unten zu §§ 140—142 Vorentwurf. Auf ähnlichen Rechtsgedanken beruht auch § 154 Abs. 3 *OVE.* (oben S. 49 Anm. 1); dazu Graf Gleispach, Der österreich. Strafgesetzentwurf (1910) S. 24.

[2]) Bei der Inkriminierung der „Nötigung“ zur Vornahme von Amtshandlungen durch „unzulässigen Zwang“, gleichgültig, ob die abgenötigte Amtshandlung rechtmäßig ist oder nicht (vgl. oben S. 49 bei Anm. 1), mag es sein Bewenden haben. Die Fälle der „Nötigung“ im engeren Sinne sind ohnehin praktisch nicht sehr wichtig.

[3]) Es sei schließlich noch darauf hingewiesen — vgl. schon oben S. 43 —, daß der Titel „Widerstand“, den der Vorentwurf nicht nur für die Überschrift des 6. Abschnitts, sondern auch als Marginale des § 126 bei-

§ 127 Vorentwurf. Die Behandlung des qualifizierten „Widerstandes", des „Aufruhrs" in § 127 Vorentwurf weist im Verhältnis zum geltenden Recht (§ 115 StGB.) wesentliche Verbesserungen auf. Vor allem ist der Auslegung des bisherigen § 115, „Aufruhr" könne schon bei einer „Zusammenrottung" von zwei Personen angenommen werden, dadurch ein Riegel vorgeschoben, daß, wie in § 125 StGB., Beteiligung an der öffentlichen Zusammenrottung „einer Menschenmenge" gefordert wird[1]). Der Anregung M. E. Mayers, das Tatbestandsmerkmal der „Öffentlichkeit" zu streichen[2]), ist der Vorentwurf meines Erachtens mit Recht nicht gefolgt, ebensowenig dessen Vorschlag[3]), entsprechend § 136 des norwegischen StGB., den Tatbestand des Aufruhrs mit dem des Landfriedensbruches zu vereinigen. Auch dies möchte ich billigen, gewiß nicht aus „doktrinären"[4]), auch nicht lediglich aus den von der Begr. S. 472 angeführten Gründen (Verschiedenheit der Angriffsobjekte, Notwendigkeit höherer Aufruhrstrafen, Unerheblichkeit der Vollendung von „Gewalttätigkeiten gegen Personen oder Sachen" beim Aufruhr), sondern vor allem deshalb, weil der „Aufruhr" ein „Staatsverbrechen" im Sinne der oben unter I gemachten Ausführungen und mit den daselbst gezogenen Konsequenzen ist, der „Landfriedensbruch" dagegen nicht[5]). So halten denn auch sowohl der *Sch.* (A. A. 200 Ziff. 2, 186)[6]), als auch der *OVE.* (§§ 161, 162; 234) an der Trennung von „Aufruhr" und „Landfriedensbruch" fest. Zu billigen ist ferner die Herabsetzung der dem bloßen Teilnehmer angedrohten Mindeststrafe von sechs (§ 115 Abs. 1 StGB.)

---

behält, nach der Zusammenlegung der §§ 113, 114 StGB. und der Streichung des Tatbestandsmerkmals des „Widerstandleistens" eigentlich nicht mehr paßt. Dann wäre der den größten Teil des Tatbestandes deckende Ausdruck „Beamtennötigung" noch passender

[1]) Wenn freilich das Reichsgericht an seiner Extensivinterpretation des Begriffs „Menschenmenge" festhält (Entsch. *IX. 143, XL. 76*), so wird die Änderung wenig nützen. Dennoch wüßte ich keinen weniger mißverständlichen Ausdruck. v. Hippel, *Vergl. Darst. Bes. T. II. 26,* schlägt „Volksauflauf" vor. Vielleicht hätte schon eine die Rechtsprechung des RG. mißbilligende Äußerung der Begr. genügt. Entsprechendes gilt von einer Sicherstellung des Merkmals „mit vereinten Kräften" gegen die Auslegung des RG. Entsch. *XXX. 372, XXXVI. 174.*

[2]) *Vergl. Darst. Bes. T. I. 471.*

[3]) A. a. O. S. 518, 531.

[4]) M. E. Mayer, a. a. O. S. 518.

[5]) Vgl. dazu insbes. oben S. 42 Anm. 8.

[6]) Der Art. 186 *SchVE.* vertritt wenigstens die Stelle des sonst mangelnden „Landfriedensbruches"; vgl. M. E. Mayer, a. a. O. *I. 530.*

auf drei Monate (§ 127 Abs. 1 Vorentwurf); vielleicht würde sogar ein Minimum von einem Monat (so *SchVE.* A. 200 Ziff. 2 und der allerdings etwas weiter gefaßte[1]) § 161 Ziff. 1 des *OVE.*, der sogar Haft zuläßt) genügen. Zu billigen ist endlich die Herabsetzung des gewöhnlichen Strafmaximums für die Rädelsführer und Gewalttätigen von zehn (§ 115 Abs. 2 StGB.) auf fünf (§ 127 Abs. 2 Vorentwurf) Jahre Zuchthaus. Zu beanstanden wäre höchstens die Beibehaltung des nicht genügend scharfen „Rädelsführer"-begriffes[2]), der sich, soviel ich sehe, weder im *Sch.* noch im *OVE.*[3]) findet[4]).

Nicht ganz so beifällig, wie die Regelung des „Aufruhrs", kann die des „Auflaufs" (§ 116 StGB.) im Vorentwurf (§ 128) aufgenommen werden. Zwar sind auch hier wesentliche Verbesserungen festzustellen. Der in seinem Verhältnis zu § 115 StGB. zweifelhafte Abs. 2 des § 116 StGB. ist gestrichen. Durch Einschaltung der Worte „aus der Menge" zwischen „sich nicht" und „entfernt" ist andererseits klargestellt, daß der sich mit der geschlossenen Menge Entfernende strafbar bleibt. Aber über den Grundgedanken des Auflaufdelikts ist sich der *DVE.* nicht klar geworden. Nach der Begr. S. 472 faßt er es als ein Gefährdungsdelikt auf, aus dem sich leicht ein Aufruhr entwickeln kann. Und dieser Auffassung entspricht es allerdings, wenn die in § 116 StGB. enthaltene Ortsbezeichnung „auf öffentlichen Wegen, Straßen oder Plätzen", unter Aufrechterhaltung des Erfordernisses der „Öffentlichkeit" der Versammlung, gestrichen ist. Aber dann durfte nicht der bloße Ungehorsam gegen die obrigkeitliche Aufforderung zur Entfernung hinreichend zur Strafbarkeit bleiben. Vielmehr mußte, entsprechend dem § 235 des *OVE.*, außerdem verlangt werden, daß die „öffent-

§ 128 Vorentwurf.

---

[1]) Es genügt Zusammenrottung zum Zwecke der zwangsmäßigen Nötigung usw. Dafür wird in § 162 die tätige Reue als Strafaufhebungsgrund anerkannt. Dagegen liegt m. E. kein Grund vor, die Entfernung auf Befehl der Obrigkeit als Strafaufhebungsgrund zu empfehlen (M. E. Mayer, a. a. O. S. 532, 538), sofern der Aufruhr, wie nach dem *DVE.*, die wirkliche Begehung von Gewalttätigkeiten voraussetzt.

[2]) Vgl. auch M. E. Mayer, a. a. O. S. 473, 531, der statt dessen den „Anstifter" mit qualifizierter Strafe zu bedrohen empfiehlt.

[3]) Der nur in §§ 162, 234 Ziff. 2 vom „Anführer" spricht.

[4]) An Stelle der nach § 115 Abs. 2 StGB. neben Zuchthaus statthaften Zulässigkeit von Polizeiaufsicht tritt, entsprechend § 53 Vorentwurf, unter Umständen die Zulässigkeit der Aufenthaltsbeschränkung. Über die Zweckmäßigkeit dieser Maßregel ist hier nicht zu handeln; gegen sie Goldschmidt, *Vergl. Darst. Allg. T. IV. 441* zu Note 5.

lich versammelte Menschenmenge“ nicht nur nach Meinung des auffordernden Beamten, sondern auch wirklich objektiv „den öffentlichen Frieden“ oder „die gesetzliche Ordnung“ „gefährdete“ oder die „Absicht“ bekundete, Aufruhr- oder Landfriedensbruchhandlungen zu begehen[1]). Ohne dieses letztere Tatbestandsmerkmal qualifiziert sich nämlich der „Auflauf“ als ein reines Polizeidelikt[2]), und dann ist nicht nur seine Belassung unter dem „Vergehen“, erst recht die Heraufsetzung des Strafmaximums von drei (§ 116 Abs. 1 StGB.) auf sechs (§ 128 Vorentwurf) Monate Gefängnis[3]), sondern vor allem die Streichung der in § 116 Abs. 1 StGB. enthaltenen Ortsbezeichnung anfechtbar. Denn die obrigkeitliche Befugnis, „auf öffentliehen Wegen, Straßen oder Plätzen“[4]) unbedingt das Auseinandergehen einer versammelten Menschenmenge gebieten zu können, findet ihre Grundlage in zweifellosen verkehrspolizeilichen Befugnissen. Anders, wenn es sich um eine öffentliche Versammlung auf Privatgrundstücken oder gar in geschlossenen Räumen handelt. Hier kann die durch § 128 Vorentwurf sanktionierte unbedingte Verpflichtung, sich auf obrigkeitliche Aufforderung zu entfernen, zu erheblichen Zweifeln Anlaß geben über das Verhältnis des § 128 Vorentwurf zum Reichsvereinsgesetz vom 19. April 1908, insbes. zu §§ 16, 18 Ziff. 4 das. Nach herrschender Lehre ist

---

[1]) Vgl. auch Art. 186 *SchVE.* Im wesentlichen wie im Text bereits M. E. Mayer, *Vergl. Darst. Bes. T. I. 533, 540,* der nur, S. 537, 538, neben dem objektiv friedensgefährdenden Charakter der Versammlung nicht den Ungehorsam gegen den obrigkeitlichen Entfernungsbefehl als Tatbestandsmerkmal, sondern den Gehorsam gegen ihn als Strafaufhebungsgrund behandelt wissen will.

[2]) So auch M. E. Mayer, a. a. O. S. 476, 477.

[3]) § 235 *OVE.*, der doch eine friedensgefährdende Ansammlung voraussetzt, droht als Maximum nur vier Wochen Gefängnis an. Daß dafür hier schon zweimalige Aufforderung, auseinander zu gehen, genügt, macht keinen wesentlichen Unterschied.

[4]) D. h. dem öffentlichen Verkehr dienenden, nicht bloß in concreto jedermann zugänglichen; anders RG. Entsch. *XXI. 370;* Olshausen, Note 2a zu § 116; Frank. *I. 1* zu § 116; M. E. Mayer, a. a. O. S. 477; richtig Binding, Lehrb. *Bes. T. II. 2, 801;* Oppenhoff-Delius, Note 4 zu § 116. Ganz abgesehen davon, daß ein im konkreten Falle allgemein zugänglicher Ort noch kein „öffentlicher Ort“ ist, spricht § 116 ja gar nicht von öffentlichen „Orten“, womit die Gegner immer operieren, sondern von öffentlichen „Wegen, Straßen oder Plätzen“. Es handelt sich also um Orte, die speziell dem öffentlichen Verkehr dienen. Das paßt auch ganz zum Wesen des „Auflaufs“, der, wenn nicht eben besonders eine Friedensgefährdung usw. verlangt wird, in Bereitung eines Verkehrshindernisses besteht.

nämlich für die Strafbarkeit wegen „Auflaufs“ gleichgültig sowohl der Grund der Versammlung[1]), als auch vor allem die Rechtmäßigkeit der Aufforderung, auseinanderzugehen[2]). Wie nun, wenn eine nach §§ 1, 5, 6 des Reichsvereinsgesetzes erlaubte oder eine gemäß § 7 das. genehmigte öffentliche Versammlung zum Auseinandergehen aufgefordert wird?

Danach bleibt folgende Alternative: Entweder das künftige deutsche StGB. behandelt den „Auflauf“ als ein, und zwar konkretes Gefährdungsdelikt, aus dem sich leicht ein Aufruhr oder Landfriedensbruch entwickeln kann. Dann qualifiziert er sich als kriminelles Delikt; es kann Gefängnis zur Wahl gestellt werden, wenn auch vielleicht ein Maximum von drei Monaten nach wie vor ausreicht[3]). Es mag die in § 116 Abs. 1 StGB. enthaltene Ortsbezeichnung, unter Aufrechterhaltung des Erfordernisses der „Öffentlichkeit“ der Versammlung, gestrichen werden. Aber es bedarf dann auch, entsprechend § 235 *OVE.*, neben dem Tatbestandsmerkmal des Ungehorsams gegen die obrigkeitliche Aufforderung, auseinanderzugehen, der Aufnahme des Erfordernisses, daß die öffentliche Versammlung den „öffentlichen Frieden“ oder die „gesetzliche Ordnung“ gefährdete, oder daß sie die „Absicht“ bekundete, zu Aufruhr- oder Landfriedensbruchhandlungen zu

[1]) Olshausen, Note 1 zu § 116; M. E. Mayer, a. a. O. S. 477; anders wohl Binding, Lehrb. *Bes. T. II. 2, 801,* der bei erlaubter Versammlung „Erledigung des Grundes“ voraussetzt.

[2]) Olshausen, Note 4 zu § 116; M. E. Mayer, a. a. O. S. 477, 478; anders Binding, a. a. O. S. 801.

[3]) Die Begr. der Heraufsetzung des Gefängnismaximums mit der Streichung des Abs. 2 § 116 StGB. (Begr. S. 473) geht fehl. Denn die Fälle, die bisher zwar dem § 116 Abs. 2, aber nicht dem § 115 unterfielen, wo nämlich einzelne Teilnehmer der Menschenmenge, dieser unbewußt, gegen Beamte tätlich wurden, will der Vorentwurf mit Recht (Begr. a. a. O.) an den übrigen Teilnehmern nicht härter geahndet wissen. Die gewalttätigen Teilnehmer aber unterfallen ohnehin der Bestrafung nach § 126 Vorentwurf. Indessen ganz abgesehen davon ist es bedenklich, mit Rücksicht auf diese, wie die Begr. selbst zugibt, Ausnahmefälle die Strafe für alle Auflaufsfälle so erheblich zu erhöhen. Es gilt hier das oben S. 45, 46 Bemerkte entsprechend. Bei einem Strafmaximum von drei Monaten Gefängnis (oder Haft) würde übrigens der „Auflauf“ auch nach dem System des Vorentwurfs § 1 noch nicht zur Übertretung herabsinken, da in § 128 Vorentwurf alternativ Geldstrafe bis zu 1000 M (bisher 1500) angedroht ist. Daß es bei der Qualifizierung von mit Gefängnis bedrohten Delikten zu „Übertretungen“ verbleiben soll, kann ich mir außerdem vor der Hand noch nicht vorstellen. Doch ist dies hier nicht weiter zu erörtern.

schreiten. Daß durch Aufnahme dieses Erfordernisses der „Auflauf“ zu einem Vergehen „gegen die öffentliche Ordnung“ wird, nimmt der *OVE.* allerdings an[1]). Ich möchte aber glauben, daß auch bei dieser Regelung das entscheidende Kriterium immer noch der Ungehorsam gegen die Obrigkeit, und der „Auflauf“ ein „Staatsverbrechen“ im Sinne der oben unter I gemachten Ausführungen und mit den daselbst gezogenen Konsequenzen sein wird. Die zweite Möglichkeit der Behandlung des „Auflaufs“ im künftigen deutschen StGB. wäre, der „Auflauf“ bleibt, was er nach § 116 Abs. 1 StGB. ist, ein Verkehrspolizeidelikt. Dann muß die in § 116 Abs. 1 enthaltene Ortsbezeichnung aufrechterhalten bleiben. Ja, es empfiehlt sich, zur Vorbeugung irriger Auslegung, wie sie besonders in RG.Entsch. *XXI. 370* enthalten ist[2]), statt „öffentlichen Wegen, Straßen oder Plätzen“ zu sagen: „dem öffentlichen Verkehr dienenden Wegen, Straßen oder Plätzen“. Freilich würde bei solcher Auffassung des „Auflaufs“ seine Unterstellung unter die „Übertretungen“ angezeigt sein[3]). Bei beiden Formen der Regelung wären Kollisionen mit dem Reichsvereinsgesetz vermieden, im ersten Falle durch Erhebung der „Gesetzwidrigkeit“ der Versammlung zum Tatbestandsmerkmal, im zweiten Falle durch unzweideutige Fundierung des „Auflaufs“ auf die durch das Reichsvereinsgesetz unberührt gelassenen Befugnisse der Verkehrspolizei.

§ 129 Vorentwurf. In ebenso geschickter Weise, wie der Vorentwurf die §§ 113, 114, 117 bis 119 StGB. im § 126 zusammenlegt, faßt er die §§ 120, 121, 347 StGB. im § 129 zusammen[4]). Die „Buntscheckigkeit“ der Ausdrucksweise jener Paragraphen[5]), welche

---

[1]) § 235 steht das. unter den „Strafbaren Handlungen gegen den öff. Frieden“.

[2]) Vgl. oben S. 56 Anm. 4.

[3]) Vom Standpunkt des Vorentwurfs schon — vgl. oben S. 57 Anm. 3 a. E. —, sofern es bei dem Gefängnismaximum des § 116 Abs. 1 StGB. verbleibt, und das Höchstmaß der alternativ angedrohten Geldstrafe auf 300 M herabgesetzt wird.

[4]) Der *SchVE.* Art. 213, 231 beläßt es bei der Trennung der gewöhnlichen Gefangenenbefreiung von dem betreffenden Amtsdelikt; jene findet ihren Platz unter den „Verbrechen gegen die Strafverfolgung und den Strafvollzug“. Teils unter dieser Rubrik, teils als „Befreiung eines Verwahrten“ regelt der *OVE.* §§ 193 Ziff. 2, 199 unser Delikt, welches, von einem Beamten begangen, wohl unter § 167 das. fällt.

[5]) Vgl. M. E. Mayer, Die Befreiung von Gefangenen (1906), S. 27.

mehrfache Lücken läßt[1]), und die Folgewidrigkeit des geltenden Rechts, nach welchem der Versuch zwar in §§ 120, 347, aber nicht in § 121 mit Strafe bedroht ist, sind durch die Zusammenfassung beseitigt. Der erhöhten Verantwortlichkeit der in §§ 121, 347 StGB. bedrohten Personen, die insbesondere auch für Fahrlässigkeit haften, ist durch Abs. 3 des § 129, in Verbindung mit § 210 Vorentwurf, Rechnung getragen. Auch hier ist die Fassung wesentlich vereinfacht, wodurch die Streitfrage, die sich an das Merkmal „anvertraut“ in § 347 StGB. knüpft[2]), ihre Erledigung findet. Der Strafrahmen ist für den einfachen Fall wesentlich herabgesetzt[3]). Die geschärfte und die auf fahrlässige Begehung gesetzte Strafdrohung gegen Bewachungspersonen ist, soweit Beamte in Frage kommen, gegenüber § 347 StGB., selbst bei Berücksichtigung des § 210 Vorentwurf[4]), wesentlich gemildert[5]), für Nichtbeamte dagegen wenigstens zum Teil gegenüber § 121 StGB. nicht unerheblich verschärft[6]). Ob die zumal bei fahrlässiger Begehung völlige Gleichstellung von beamteten und nichtbeamteten Bewachungspersonen begründet ist, darüber kann man geteilter Ansicht sein.

Im übrigen wären nur zwei Einwendungen gegen § 129 Vor-

---

[1]) So sind z. B. nach § 121 Abs. 1 die vorsätzliche „Bewirkung“ der Befreiung durch eine Aufsichtsperson (M. E. Mayer, a. a. O. S. 30), nach §§ 121 Abs. 2 und 347 Abs. 2 die fahrlässige „Bewirkung“ oder „Beförderung“ der „Befreiung“ (Begr. S. 476 Note 1, 2; anders allerdings M. E. Mayer, S. 32) straflos. Dem „behilflich ist“ in § 120 Abs. 1 StGB. hat der Vorentwurf mit Recht das in §§ 121, 347 gebrauchte „befördert“ vorgezogen, um dadurch zu erkennen zu geben, daß die unterstützte Handlung, namentlich bei der Selbstbefreiung, straflos sein kann, also keine „Beihilfe“ im technischen Sinn vorzuliegen braucht (Begr. S. 474).

[2]) M. E. Mayer, a. a. O. S. 8—10.

[3]) Gefängnis oder Haft bis zu zwei Jahren gegenüber Gefängnis bis zu drei Jahren in § 120 StGB.

[4]) Der gegenüber § 129 Abs. 1 Halbs. 1, wo ohnehin Gefängnis bis zu fünf Jahren angedroht ist, nicht eigentlich praktisch wird.

[5]) Gefängnis nicht unter einer Woche statt Zuchthaus bis zu fünf Jahren, bei mildernden Umständen Gefängnis nicht unter einem Monat in § 347 Abs. 1 StGB. und Haft bis zu drei Monaten oder Geldstrafe bis zu 500 M statt Gefängnis bis zu sechs Monaten oder Geldstrafe bis zu 600 M in § 347 Abs. 2 StGB.

[6]) Gefängnis von einer Woche bis zu fünf Jahren statt Gefängnis bis zu drei Jahren in § 121 Abs. 1 StGB. und Haft bis zu drei Monaten oder Geldstrafe bis zu 500 M statt Gefängnis bis zu drei Monaten oder Geldstrafe bis zu 600 M in § 121 Abs. 2 StGB.

entwurf zu erheben: Einmal hätte die Ausdehnung der Strafdrohung auf Befreiung von Fürsorgezöglingen und anderen auf behördliche Anordnung Verwahrten (so z. B. auf Grund der §§ 43, 65 des Vorentwurfs selbst) nicht von der Hand gewiesen werden sollen. Warum in Befreiung solcher Personen keine Auflehnung gegen die Staatsgewalt liegen soll (Begr. S. 474, 475), ist unerfindlich. Gerade für die Befreiung von Fürsorgezöglingen wäre auch eine reichsrechtliche Regelung besonders wünschenswert. Ich sehe auch keinen Anlaß, die Befreiung von Fürsorgezöglingen und anderen auf behördliche Anordnung Verwahrten nur als Verwaltungsdelikt zu ahnden[1]). Vielmehr erscheint mir diese Befreiung genau so strafwürdig wie die eigentlicher Gefangenen. Im wesentlichen auf denselben Standpunkt hat sich denn auch der *OVE.* § 199 Ziff. 3 gestellt.

Der andere zu beanstandende Punkt betrifft die geflissentliche Unterlassung des Vorentwurfs (Begr. S. 474 Note 2), zu der viel umstrittenen Frage Stellung zu nehmen, ob der Gefangene als Teilnehmer an seiner eigenen Befreiung durch andere strafbar sein kann[2]). Da das Reichsgericht (Entsch. *III. 140*) die Frage bekanntlich unter Berufung auf die allgemeinen Teilnahmevorschriften bejaht, über die Verneinung der Frage jedenfalls de lege ferenda aber kein Zweifel bestehen sollte, so kann die Verweisung der Begr. a. a. O. auf die allgemeinen Teilnahmevorschriften nicht gebilligt werden; denn in diesen findet sich eine grundsätzliche Regelung des hier in Betracht kommenden Falles im Vorentwurf so wenig wie im geltenden Recht. Es bedarf also einer ausdrücklichen Bestimmung, aus der die Straflosigkeit des an seiner eigenen Befreiung durch andere teilnehmenden Gefangenen mit Sicherheit hervorgeht[3]). Ob diese Bestimmung als Zusatz zu § 129 Vorentwurf einzustellen ist oder — wohl besser[4]) — als Zusatz zu den allgemeinen Teilnahmevorschriften, kann hier nicht näher erörtert werden.

§ 130 Vorentwurf. Der die „Meuterei" behandelnde § 130 Vorentwurf weist im Verhältnis zu § 122 StGB. nur geringfügige Änderungen auf, die im wesentlichen zu billigen sind. Mit Recht ist das Merkmal der „Zusammenrottung" gestrichen[5]), da dieses Merkmal, richtig verstanden, auf eine „Menschenmenge" hinweist, zur „Meuterei" aber

[1]) So M. E. Mayer, Gefangenenbefreiung S. 6, 7.

[2]) Vgl. darüber M. E. Mayer, a. a. O. S. 14, 15.

[3]) Vgl. auch M. E. Mayer, a. a. O. S. 15 Note 1.

[4]) Mit Rücksicht auf andere gleichliegende Fälle, z. B. Teilnahme an der eigenen Verkuppelung.

[5]) Anders Art. 214 *SchVE.*, § 200 *OVE.*

in der Tat die Vereinigung von nur zwei Gefangenen genügt. Wegen dieses charakteristischen Unterschiedes und, weil der „Meuterei" auch das Merkmal der „Öffentlichkeit" fremd ist, hat der Vorentwurf, in Übereinstimmung mit dem *Sch.* und *OVE.*, die von M. E. Mayer[1]) vorgeschlagene Vereinigung von „Meuterei" und „Aufruhr" meines Erachtens mit Recht abgelehnt. Sieht man aber von einer Vereinigung ab, so kann man die der „Meuterei" neben den sonstigen „Aufruhrhandlungen" eigentümliche Handlung des „Ausbruchsversuchs", auch wieder in Übereinstimmung mit Art. 214 *Sch.*, § 200 *OVE.*, beibehalten[2]) und sogar als den „Hauptfall und der Anschaulichkeit wegen" an die Spitze stellen. Auf einem Versehen dagegen beruht es anscheinend, daß in § 130 Abs. 1 Vorentwurf, im Widerspruch zu § 126 Abs. 1 Vorentwurf, neben dem „Versuch der Nötigung zur Unterlassung" das „Widerstandleisten" aus § 122 Abs. 1 StGB. stehen geblieben ist. Andrerseits ist zwar die Streichung des „gewaltsam" bei „ausbrechen" unbedenklich, weil jenes in diesem enthalten ist[3]); aber, zumal nach Streichung des Merkmals der „Zusammenrottung", wäre es vielleicht besser, entsprechend § 126 Abs. 1 Vorentwurf, ausdrücklich zu verlangen, daß die Nötigung „mit Gewalt oder Drohung mit Gewalt" versucht wurde. Ist doch auch, entsprechend § 126 Abs. 1 Vorentwurf und abweichend von § 122 Abs. 1 StGB., zutreffend in § 130 Abs. 1 Vorentwurf ein „tätlicher" Angriff gefordert[4]).

Die Strafsätze des geltenden Rechts sind sowohl im Grund- (Abs. 1), wie im Schärfungs- (Abs. 2) Falle wesentlich gemildert[5]).

Da der Vorentwurf auf die Einarbeitung der strafrechtlichen Nebengesetze leider grundsätzlich verzichtet hat[6]), so hat er die Gelegenheit versäumt, die an dieser Stelle leicht einzureihenden

[1]) Gefangenenbefreiung S. 16, 19, 46.

[2]) Dagegen M. E. Mayer, a. a. O. S. 19.

[3]) Begr. S. 477 Note 2.

[4]) Vgl. über diese de lege lata nur im Wege der Restriktivinterpretation zu ergänzenden Erfordernisse Olshausen, Note 5 zu § 122; ebenda Note 9c die Ausführung, daß trotzdem für den § 122 Abs. 3 StGB. (§ 130 Abs. 2 Vorentwurf) Raum bleibt.

[5]) Gefängnis nicht unter drei statt unter sechs Monaten und Zuchthaus bis zu fünf statt bis zu zehn Jahren, wobei überdies die Berücksichtigung geringer Gewalttätigkeiten und mildernder Umstände (wie beim Landfriedensbruch, § 133 Vorentwurf) ermöglicht ist. An Stelle der in § 122 Abs. 3 StGB. statthaften Zulässigkeit von Polizeiaufsicht greift § 53 Vorentwurf ein.

[6]) Begr S. VI.

§§ 100—106 der Seemannsordnung vom 2. Juni 1902 hier aufzunehmen. Allerdings ist Insubordination gegen den Schiffsvorgesetzten keine eigentliche strafbare Handlung gegen die „Staatsgewalt“. Aber auf dem Seeschiff steht doch die Gewalt der Schiffsvorgesetzten gleichsam an Stelle der Staatsgewalt. Und, sofern der Vorentwurf nicht, gleich dem *OVE.* Hauptstück XXXV, einen besonderen Abschnitt: „Strafbare Handlungen in bezug auf die Seeschiffahrt“ zu bilden sich entschließt, besteht systematisch nicht das geringste Bedenken, die Insubordination der Schiffsleute und Schiffsoffiziere am Schlusse des Abschnitts 6 einzureihen[1]). Praktisch aber ist die Einreihung an dieser Stelle sogar besonders empfehlenswert. Denn nicht nur schließen sich die aufzunehmenden Tatbestände der Seemanns-Ordnung unmittelbar an den Tatbestand des Widerstandes an, sondern, da jene Tatbestände natürlich nur strafbar sind, wenn sie sich auf einem deutschen Schiff ereignen, qualifizieren sie sich zur Einreihung in den Abschnitt, der Angriffe auf nationale Interessen behandelt. Die betreffenden Delikte müßten andererseits, entsprechend § 121 Abs. 1 Seemanns-Ordnung, in § 4 Ziff. 2 Vorentwurf mit aufgeführt werden.

III. Verbrechen und Vergehen gegen die öffentliche Ordnung.

In dem dem 7. Abschnitt des StGB. entsprechenden 7. Abschnitt des Vorentwurfs finden wir im wesentlichen ebenfalls die Delikte jenes Abschnitts wieder. Der Hausfriedensbruch (§ 123 StGB.) ist aus dem Abschnitt entfernt; er findet sich als § 242 Vorentwurf im 19. Abschnitt („Verbrechen und Vergehen gegen die persönliche Freiheit“) wieder. Ebenso sind die §§. 138, 139 StGB. als §§ 173, 174 in den 11. Abschnitt („Verbrechen und Vergehen in Beziehung auf die Rechtspflege“), § 145 StGB. als § 188 in den 13. Abschnitt des Vorentwurfs („Verbrechen und Vergehen gegen die Sicherheit des öffentlichen Verkehrs“) versetzt. §§ 140—143 StGB. sind in de neugebildeten 8. Abschnitt des Vorentwurfs („Vergehen gegen die Wehrpflicht, das Heer und die Marine“) eingestellt.

Von diesen Verschiebungen wäre höchstens die des § 139 StGB. zu beanstanden. Die „Unterlassene Verbrechensanzeige“ ist meines

---

[1]) Wenn das ein so scharfer Systematiker, wie Binding, schon in seinem wissenschaftlichen System tut (Lehrb. *Bes. T. II. 2, 795ff.*). braucht sich der Gesetzgeber erst recht keine Skrupel zu machen.

Erachtens kein Delikt gegen die „Rechtspflege", sondern gegen die „Sicherheitspolizei" [1]); an ihrer systematischen Stellung hätte man nichts zu ändern brauchen [2]).

Gestrichen sind der in seiner Mittelstellung zwischen Haus- und Landfriedensbruch unklare § 124 StGB. (Begr. S. 489); ferner, unter Hinweis auf § 18 des Reichsvereinsges. v. 19. April 1908, der § 128 StGB. (Begr. S. 491 zu § 136 Vorentwurf); endlich, unter Hinweis insbesondere auf die Neufassung des § 110 StGB. in § 131 Vorentwurf, der sogenannte Kanzelparagraph (§ 130a StGB.) (Begr. S. 494). Auf die Streichung der §§ 128, 130a wird bei Besprechung der §§ 136, 137 Vorentwurf zurückgekommen werden.

Dafür erscheinen neu im 7. Abschnitt die bisher im 6. Abschnitt (§§ 110, 111 StGB.) befindliche „Aufwiegelung" (§ 131 Vorentwurf), der bisher im Allgemeinen Teil, unter den „Teilnahme"-Vorschriften befindliche Duchesne-Paragraph (StGB. § 49a = § 132 Vorentwurf) und die Tierquälerei (§ 146 Vorentwurf), deren Einstellung an diese Stelle (als § 145b StGB.) allerdings bereits der zurzeit dem Reichstage vorliegende Entwurf der sogenannten „kleinen Strafgesetznovelle" projektiert. Daß die „Tierquälerei" eigentlich nicht in den Abschnitt 7 paßt, gibt die Begr. zum Entwurf der genannten „kleinen Strafgesetznovelle" (S. 10 zu Nr. 3 das.) offen zu; sie weiß nur keinen passenderen Platz. Meines Erachtens wäre die Einfügung am Schlusse der „Verbrechen und Vergehen gegen die Sittlichkeit" (20. Abschnitt des Vorentwurfs) immer noch angemessener [3]). Die Richtigkeit der Einstellung der §§ 131, 132 in den 7. Abschnitt wird bei ihrer Einzelbesprechung zu erörtern sein.

Schließlich behandelt § 145 Vorentwurf, wie sich zeigen wird, ein ganz anderes Delikt als § 144 StGB., dessen Nachfolger er werden soll.

Die Überschrift des 7. Abschnitts „Verbrechen und Vergehen gegen die öffentliche Ordnung" ist nicht glücklich. Sie kann — dessen ist sich auch die Begr. S. 477 bewußt — den Charakter

---

[1]) Ebenso Binding, Lehrb. *Bes. T. II. 2, 670ff.* (der das Delikt nicht unter den „Prozeßverbrechen" behandelt); anders freilich v. Liszt, Lehrb. 16. u. 17. Aufl, § 184 VI.

[2]) Ebenso Heimberger, *Vergl. Darst. Bes. T. II. 426*; § 241 *OVE.*

[3]) Vgl. v Hippel, *Vergl. Darst. Bes. T. II. 264.* Es ist freilich außerordentlich bezeichnend, daß man die „Tierquälerei" bei ihrer Erhebung vom Verwaltungs- zum Justizdelikt (Goldschmidt, Verwaltungsstrafrecht, 1902, § 33) vorerst in das Zwischengebiet der „Verbrechen und Vergehen gegen die öffentliche Ordnung" einfügen will; vgl. noch folg. Anm.

der Unbestimmtheit, der Aushilfe[1]) nicht verleugnen. Es kann aber der bessere Titel: „Verbrechen und Vergehen gegen den öffentlichen Frieden", den die entsprechenden Abschnitte 11 des *Sch.* und 18 des *OVE.* führen, nur dann empfohlen werden, wenn die unter diesen Titel nicht mehr passenden, gegen die „Staatsgewalt" oder „Verwaltung" sich richtenden Delikte des Abschnitts 7[2]) aus diesem entfernt werden.

§ 131 Vorentwurf. Als erstes „Vergehen gegen die öffentliche Ordnung" führt der Vorentwurf in § 131 die „Aufwiegelung" an. In diesem Begriff faßt der Vorentwurf die Tatbestände der §§ 110, 111 StGB. zusammen. Dabei wird aber der Tatbestand des kombinierten Delikts im Verhältnis zum geltenden Recht einesteils erweitert, anderenteils eingeschränkt. Er wird erweitert: Einmal ist, ebenso wie in § 102 Abs. 1 Vorentwurf (= § 85 StGB.), der „Aufforderung" gleichgestellt die „Aufreizung", und das einschränkende Erfordernis, daß die öffentliche Aufforderung „vor einer Menschenmenge" stattfinden müsse, gestrichen. Sodann aber ist die Strafbarkeit erstreckt von der „Aufforderung" und „Aufreizung" auf die „Verherrlichung begangener Verbrechen". Andererseits wird der Tatbestand dem geltenden Recht gegenüber eingeschränkt: Nicht die Aufforderung zur Begehung aller strafbaren Handlungen (§ 111 StGB.) wird mit Strafe bedroht, sondern nur die zur Begehung „von Verbrechen und Vergehen". Und sodann soll in allen Fällen die Strafbarkeit davon abhängen, daß durch die Aufforderung, Aufreizung oder Verherrlichung „die gesetzliche Ordnung gefährdet" worden ist. Keine sachliche Änderung ist, daß, wiederum wie in § 102 Abs. 1 Vorentwurf (= § 85 StGB.), statt „durch Verbreitung oder öffentlichen Anschlag oder öffentliche Ausstellung von Schriften oder anderen Darstellungen" (§ 110 StGB.) gesagt wird: „durch Verbreitung von Schriften, Abbildungen oder Darstellungen"[3]). Ebenso ist es nur Garantie der schon jetzt in der

---

[1]) Sehr bezeichnend auch die soeben im Text zitierte Stelle aus der Begr. z. Entw. der „kleinen Strafgesetznovelle", wo gesagt wird, es sei am besten, die „Tierquälerei", für die man keinen angemessenen Platz wisse, in den „Sammelabschnitt" der „Verbrechen und Vergehen wider die öffentliche Ordnung" einzufügen. Die „Verbrechen und Vergehen gegen die öffentliche Ordnung" bilden zugleich die Brücke von den Justiz- zu den Verwaltungsdelikten; vgl. vor. Anm.

[2]) Welche das sind, darüber vgl. oben S. 43 zu Anm. 1 und diese Anm. 1 selbst. Über die leges fugitivae der §§ 145, 147 Vorentwurf vgl. bei der Einzelbesprechung dieser Paragraphen.

[3]) Vgl. bereits §§ 41, 184, 186, 187, 200 StGB.

Praxis üblichen Auslegung[1]), daß statt von „Ungehorsam" (§ 110 StGB.) von „Auflehnung" gegen Gesetze usw. gesprochen wird (Begr. S. 480). Die Strafdrohung (Gefängnis oder Haft bis zu zwei Jahren oder Geldstrafe bis zu 2000 M) weist — jedenfalls im Verhältnis zu § 111 Abs. 2 StGB. und unbeschadet der in der Zulassung von Haft liegenden Milderung — eine Verschärfung auf (Begr. S. 481)[2]).

Es ist dankenswert, daß durch die Streichung des unklaren § 111 StGB. sowohl die Streitfrage betreffend sein Konkurrenzverhältnis zu § 110 StGB.[3]) ihre Erledigung findet, als auch die Verbindung des Aufforderungsdelikts mit der Anstiftung[4]) und Täterschaft der infolge der Aufforderung begangenen strafbaren Handlungen gelöst, und das Aufforderungsdelikt nach Tatbestand und Strafdrohung auf selbständige Grundlagen gestellt wird (Begr. S. 480)[5]). Aber die einfache Zusammenfassung der beiden §§ 110, 111 StGB. wird doch der Verschiedenheit der Grundgedanken, auf denen sie beruhen, und die freilich unglücklich genug in ihnen zum Ausdruck gekommen ist, nicht gerecht. Die §§ 110, 111 StGB. standen bekanntlich im 6. Abschnitt des StGB. Der Vorentwurf versetzt sie in den 7. Abschnitt. Als Grund dafür führt die Begr. S. 465 an: die strafbaren Aufforderungen enthielten keinen Widerstand „gegen die staatliche Exekutivgewalt", sondern „gegen die gesetzliche Ordnung im Staate überhaupt". Sollte bei dieser Motivierung der Ton nur auf dem Gegensatz von „Exekutivgewalt" und „sonstige" gesetzliche Ordnung liegen[6]), so würde das mit dem Vorentwurf

---

[1]) Vgl. dazu Olshausen, Note 16 zu § 110; M. E. Mayer, *Vergl. Darst. Bes. T. I. 370, 371.*

[2]) Als Verschärfung anzusehen ist wohl auch, daß § 131 Vorentwurf, im Gegensatz zu §§ 110, 111 StGB., die Geldstrafe erst an zweiter Stelle androht. Zwar hat der Umstand, an welcher Stelle die Geldstrafe angedroht ist, nach Vorentwurf § 34 nicht mehr die Bedeutung des § 28 Abs. 2 StGB. Da aber der Vorentwurf trotzdem z. B. in §§ 137, 138, 143, 144, 149 nach wie vor die Geldstrafe an erster Stelle androht, bedeutet wohl die Umstellung in § 131 eine Verschärfung.

[3]) Vgl. Olshausen, Note 9c zu § 111; M. E. Mayer, a. a. O. *I. 380* bis *382*; dazu noch unten S. 68 Anm. 2.

[4]) M. E. Mayer, a. a. O. S. 379.

[5]) Wird infolge der Aufforderung eine Straftat wirklich begangen, und sind — was nach dem Vorentwurf die Regel bilden soll (vgl. bereits Olshausen, Note 6 zu § 111) — die Voraussetzungen der Anstiftung nachweisbar, so soll Idealkonkurrenz mit dieser vorliegen (Begr. S. 480).

[6]) So daß mithin der Versetzung der „Aufwiegelung" aus Abschnitt 6 in Abschnitt 7 wieder (vgl. oben S. 41) nur stoffanordnende Bedeutung beizulegen wäre.

selbst in Widerspruch stehen. Denn die Delikte der §§ 141, 142 Vorentwurf, die doch zweifellos gerade die staatliche „Exekutivgewalt“ angreifen, stehen nach wie vor unter den „Verbrechen und Vergehen gegen die öffentliche Ordnung“. Ich glaube aber, es steckt in der genannten Begründung, vielleicht ihr selbst nicht deutlich bewußt, noch der Gedanke, daß die „Aufwiegelung“ kein „Staatsverbrechen“ in dem oben unter I erörterten Sinne sei, daß ihr Angriffsobjekt nicht nur unsere Staatsgewalt sei, sondern eben „die gesetzliche Ordnung im Staate überhaupt“[1]).

Dieser legislativ zu entwickelnde Gesichtspunkt trifft aber meines Erachtens nur für den § 111, nicht für den § 110 StGB. zu. Als Muster kann der *OVE.* dienen. Dieser bedroht unter den „Strafbaren Handlungen gegen die Staatsgewalt“ (XIII. Hauptstück) in § 163 Ziff. 1 als „Aufwiegelung“ mit Gefängnis oder Haft von drei Tagen bis zu sechs Monaten oder mit Geldstrafe von 20—2000 K die öffentliche Aufforderung oder Anpreisung, Pflichten nicht nachzukommen, die sich aus einem Gesetz, einer Verordnung, Anordnung einer Behörde oder Dienstvorschrift ergeben. Schutzobjekte sind hier, wie sich aus dem oben[2]) festgestellten Standpunkt des *OVE.* ergibt, nur inländische Gesetze usw. Außerdem bedroht der *OVE.* in § 239 unter den „Strafbaren Handlungen gegen den öffentlichen Frieden“ (XVIII. Hauptstück) mit viel härteren Strafen (unter Umständen mit Kerker bis zu zehn Jahren) die öffentliche Aufforderung zu strafbaren Handlungen und die Anpreisung strafbarer Handlungen. Dieses Delikt ist offenbar strafbar, ganz gleichgültig, ob der Schauplatz der provozierten oder glorifizierten Handlung das In- oder Ausland ist, wobei, angesichts der wesentlichen Übereinstimmung wenigstens der wichtigeren Strafgesetze aller Kulturstaaten, ziemlich unerheblich ist, ob man verlangt, daß die Handlung nach inländischem Recht strafbar sei[3]).

---

[1]) Die Verquickung dieses Doppelgegensatzes erklärt sich leicht. Denn wenn auch die Gegensätze „Exekutivgewalt“ und „gesetzliche Ordnung“, „nationale Staatsordnung“ und „soziale Ordnung überhaupt“ nicht zusammenfallen, so ist doch die „Exekutive“ grundsätzlich typischer Vertreter der betreffenden „nationalen Staatsordnung“, das „Gesetz“ grundsätzlich typischer Vertreter der „sozialen Ordnung überhaupt“.

[2]) S. 42.

[3]) Dies verlangen Binding, Lehrb. *Bes. T. II. 2, 855*; Olshausen, Note 3 zu § 111. Dann muß man natürlich unter Umständen, mit Rücksicht auf das sog. internationale Strafrecht, fingieren, daß die provozierte oder glorifizierte Tat im Inland begangen wäre. Solche Fiktion setzt aber auch der

In der Tat empfiehlt sich die vom *OVE.*[1]) beliebte Regelung in jeder Beziehung. Die öffentliche „Aufforderung oder Aufreizung"[2]) „zur Auflehnung gegen Gesetze[3]) oder rechtsgültige Verordnungen oder gegen die von der Obrigkeit innerhalb ihrer Zuständigkeit getroffenen Anordnungen" qualifiziert sich als „Staatsverbrechen" in dem oben unter I entwickelten Sinne und mit den daselbst entwickelten Konsequenzen. Dies Delikt, die eigentliche „Aufwiegelung" gehört, wie der § 110 StGB., nach wie vor in den 6. Abschnitt. Als Strafe würde, wie in § 163 Ziff. 1 *OVE.*, auch eine geringere als die in § 131 *DVE.* angedrohte ausreichen. Die öffentliche „Aufforderung oder Aufreizung" „zur Begehung von Verbrechen oder Vergehen" und die „Verherrlichung begangener Verbrechen"[4]) dagegen ist ein gegen jede gesetzliche Ordnung begehbares Delikt und gehört in der Tat in den 7. Abschnitt; damit würde, unter Berücksichtigung der oben unter I gemachten Ausführungen, der Schutz des Auslands klargestellt und eine Waffe gegen den internationalen Anarchismus geschaffen[5]). Die Strafdrohung könnte hier wenigstens für den Fall eine härtere sein als die des § 131 *DVE.*, daß zu sehr schweren Verbrechen, insbesondere

---

DVE. voraus, denn er denkt bei Bedrohung der „Glorifizierung" gerade besonders an „im Auslande" verübte Morde (Begr. S. 481). Andererseits mag unter Umständen auch der provozierte oder glorifizierte Ungehorsam gegen inländische Gesetze im Fall des § 163 Ziff. 1 *OEV.* im Ausland begehbar sein. Aber ganz abgesehen davon, daß die inländischen Gesetze, Ver- und Anordnungen doch regelmäßig nur Gehorsam im Inland beanspruchen, ist dann eben wirklich die Auflehnung gerade gegen inländische Gesetze usw. zu erfordern.

[1]) Ganz in demselben Sinne behandelt der *SchVE.* Art. 184 die öffentliche Aufforderung zu Verbrechen als „Verbrechen gegen den öffentlichen Frieden"; die Aufforderung zum Ungehorsam gegen die Staatsgewalt ist dem *SchVE.* — soviel ich sehe — überhaupt fremd.

[2]) Über die Strafwürdigkeit gerade letzterer vgl. noch weiter unten im Text S. 71, 72.

[3]) Der Gebrauch der Ausdrucks „Gesetze", als der staatlich angeordneten Rechtssätze, und seine Aufführung neben „Verordnungen" in § 110 StGB. ist charakteristisch für die Richtung des Delikts. Dem wird meines Erachtens von Binding, Lehrb. *Bes. T. II. 2, 846* Note 5, S. 849, und von M. E. Mayer, *Vergl. Darst. Bes. T. I. 366, 369,* nicht genügend Wert beigelegt, wenn sie „Gesetze" in § 110 StGB. im Sinne von „Rechtsnormen" auslegen.

[4]) Über die Strafwürdigkeit gerade letzterer vgl. noch weiter unten im Text S. 72ff.

[5]) Vgl. darüber M. E. Mayer, *Vergl. Darst. Bes. T. I. 441, 442.*

5*

Mord, öffentlich aufgefordert wird[1]) (*OVE.* § 239 Ziff. 2). Diese Strafabstufung würde gleichzeitig im Keime die Schwierigkeiten ersticken, welche der Bestimmung des Konkurrenzverhältnisses zwischen den §§ 110, 111 StGB. entgegenstehen. Denn diese rekrutieren sich hauptsächlich daraus, daß § 111 mildere Strafe androht als § 110[2]).

Wenden wir uns nun zur Besprechung der einzelnen Tatbestandsmerkmale.

Die beiden wichtigsten tatbestandlichen Veränderungen, die § 131 Vorentwurf vorschlägt, sind die Gleichstellung der „Aufreizung" mit der „Aufforderung" und die Ausdehnung der Strafbarkeit auf die „Verherrlichung begangener Verbrechen". Beides ist nicht eigentlich neu. Schon der § 87 des preußischen StGB. stellte der „Aufforderung" die „Anreizung" gleich. Nachdem das RStGB. diese Gleichstellung fallen gelassen hatte, kam die Vorlage, aus der die Strafgesetznovelle vom 25. Februar 1876 hervorgegangen ist, auf die Gleichstellung zurück. Sie wurde indessen vom Reichstage in zweiter Lesung abgelehnt[3]). Die Reichstagskommission, in deren Schoß der im Dezember 1894 dem Reichstage vorgelegte Entwurf einer Novelle zum StGB., MilStGB. und Preßgesetz beraten wurde, griff nochmals (in beschränkter Form)

---

[1]) Dabei dürfte eine zwei Jahre übersteigende Freiheitsstrafe, meiner prinzipiellen Auffassung entsprechend (vgl. oben S. 46 Anm. 1), nicht mehr Gefängnis sein.

[2]) M. E. Mayer, a. a. O. S. 380. Wenn Mayer, a. a. O. S. 381, annimmt, § 110 sei gegenüber § 111 auch noch um deswillen lex specialis, weil er, soweit Aufforderung zum Ungehorsam gegen Strafgesetze in Frage komme, Aufforderung zur demonstrativen Auflehnung gegen das Strafgesetz erfordere, so wird dabei nicht genügend berücksichtigt, daß andererseits § 110 die Aufforderung zum Ungehorsam auch gegen Nichtstrafgesetze bedroht, also insoweit wieder einen weiteren Tatbestand hat. Wird, wie im Text vorgeschlagen, die Aufforderung zur Begehung von Verbrechen und Vergehen mit härterer Strafe bedroht als die zur Auflehnung gegen Gesetze usw., so ist, sofern man nicht wegen der Verschiedenheit der Angriffsobjekte (öffentlicher Frieden und öffentliche Ordnung einerseits, Staatsgewalt andererseits) Idealkonkurrenz annehmen will (wie die herrschende Meinung für §§ 110, 111 StGB.), anzunehmen, daß die strengere Strafdrohung gegen die Aufforderung zu Verbrechen oder Vergehen die lex primaria ist. Die als subsidiäres Gesetz aufzufassende Bedrohung der Aufforderung zur Auflehnung gegen Gesetze usw. würde bei dieser Auslegung nur die Aufforderung zur Auflehnung gegen solche Gesetze treffen, deren Verletzung mit Übertretungs- oder überhaupt keiner Strafe bedroht wäre (vgl. denn auch Begr. S. 480).

[3]) Vgl. M. E Mayer, *Vergl. Darst. Bes. T. I. 419.*

auf die „Anreizung“ zurück[1]). Der betreffende Kommissionsbeschluß fiel indessen mit Ablehnung der gesamten Vorlage in der zweiten Lesung[2]). Die „Verherrlichung“ (sog. Glorifikation) strafbarer Handlungen durch die Presse[3]) wurde in § 20 des Entwurfs zum Preßgesetz von 1874 mit Strafe bedroht, der § 20 indessen vom Reichstage abgelehnt[4]). Nach der Vorlage der Strafgesetznovelle von 1876 sollte die Glorifikation allgemein, aber nur als besondere Modalität der der Aufforderung der §§ 110, 111 gleichzustellenden „Anreizung“ mit Strafe belegt werden[5]). Mit der „Anreizung“ wurde die als eine Spezies derselben gedachte Glorifikation im Reichstage abgelehnt[6]). Der genannte, im Dezember 1894 dem Reichstage vorgelegte Entwurf wollte in einem in das StGB. neu einzustellenden § 111a denjenigen bestrafen, welcher „auf die im § 110 bezeichnete Weise ein Verbrechen“ oder gewisse Vergehen „anpreist oder als erlaubt darstellt“[7]). Die Reichstagskommission wollte die vorgeschlagene Strafbarkeit der Glorifikation davon abhängig machen, daß die Glorifikation als Mittel der Anreizung gebraucht werde[8]). Der Kommissionsbeschluß teilte indessen das Schicksal der ganzen Vorlage[9]).

Die nunmehr vom Vorentwurf vorgeschlagenen Änderungen des geltenden Rechts unterscheiden sich von den früheren Versuchen wie folgt: Einmal ist statt „Anreizung“[10]) „Aufreizung“ gesagt. Nach der Begr. S. 429 soll damit „die für den Tatbestand wesentliche Willensrichtung des Täters, auf den Willen anderer bestimmend einzuwirken, anschaulicher und bestimmter zum Ausdruck“ gebracht

---

1) Anreizung durch Glorifikation; vgl. sofort unten im Text; näheres bei M. E. Mayer, a. a. O. S. 422, 423.

2) M. E. Mayer, S. 420, 421.

3) „Wer mittels der Presse den Ungehorsam gegen das Gesetz oder die Verletzung von Gesetzen als etwas Erlaubtes oder Verdienstliches darstellt, wird ...“ (vgl. in Goltdammers Archiv *XXII. 166*).

4) Bei Goltdammer *XXII. 189*

5) § 110 StGB. sollte lauten: „Wer ... auffordert oder anreizt, insbesondere wer in der angegebenen Weise solchen Ungehorsam als etwas Erlaubtes oder Verdienstliches darstellt.“ Ein entsprechender Zusatz war zu § 111 vorgesehen. Vgl. M. E. Mayer, a. a. O. S. 419.

6) M. E. Mayer, a. a. O.

7) Näheres bei M. E. Mayer, a. a. O. S. 420.

8) „Dadurch anreizt, daß er eine solche Handlung anpreist oder rechtfertigt.“ Näheres bei M. E. Mayer, a a. O. S. 422, 423.

9) M. E. Mayer, a. a. O. S. 421.

10) Die übrigens im geltenden Recht bereits im StGB. 112, 130, 210, Sprengstoffges. § 10 vorkommt.

und ersichtlich gemacht werden, „daß Reizungen ganz entfernter und geringer Art nicht unter den Tatbestand fallen sollen". Das „Aufreizen" sei „nach dem Sprachgebrauch stärker als ‚Anreizen' und bedeutet eine intensivere, der Aufforderung nahekommende Art des ‚Anreizens'". Die „Aufreizung" soll ferner, wie hinfort die „Aufforderung", nur strafbar sein, wenn „nach den Umständen des konkreten Falles durch sie auch eine Gefährdung der öffentlichen Ordnung eingetreten ist" (Begr. S. 479). Sodann ist die „Verherrlichung" zwar nicht nur in ihrer Eigenschaft als Modalität oder Mittel der Aufreizung (sog. provokatorische Glorifikation), sondern selbständig als solche (sog. agitatorische Glorifikation) mit Strafe bedroht (Begr. S. 481). Insofern wird also über die Vorlage der Strafgesetznovelle von 1876 und den Kommissionsbeschluß zu der Vorlage von 1894 hinausgegangen, und auf den § 20 Entw. d. Preßges. v. 1874 und die Vorlage v. 1894 gegriffen. Aber dafür wird einmal „Verherrlichung" verlangt; bloße „Rechtfertigung"[1]) soll nicht genügen (Begr. S. 482). Sodann muß eine Verherrlichung wirklich begangener, nicht bloß vorgestellter[2]) oder unhistorischer Verbrechen vorliegen (Begr. S. 482). Ferner muß die Verherrlichung begangene „Verbrechen", also schwere Straftaten betreffen[3]). Endlich soll die „Verherrlichung", ebenso wie hinfort die „Aufforderung" und „Aufreizung", nur strafbar sein, wenn dadurch „die gesetzliche Ordnung gefährdet wird.

Daß der Vorentwurf wiederum die Ausdehnung der Strafbarkeit auf die „Aufreizung" und „Verherrlichung" vorschlägt, wird für die „Aufreizung" damit begründet, „daß gerade die geschicktesten und gefährlichsten Volksaufwiegler die Form der Aufforderung zu vermeiden und dafür die der bisher straflosen Anreizung zu wählen verstehen" (Begr. S. 478). Die An- oder Aufreizung aber unterscheide sich von der Aufforderung dadurch, daß, „während die Aufforderung deutlich erkennen lassen muß, daß sie den Entschluß zur Begehung der Tat hervorrufen will", „sich die Aufreizung" „begnügt" „mit dem Versuch der Erzeugung einer einem solchen Entschluß günstigen Gesinnung und Stimmung" (Begr. S. 428)[4]).

---

[1]) § 20 Preßgesetzentwurf, Vorlage z. Novelle v. 1876, Vorlage v. 1894 und Kommissionsbeschluß dazu.

[2]) Anders die in der vorigen Anm. zitierten Quellen.

[3]) Anders die in der vorvorigen Anm. zitierten Quellen.

[4]) Damit wird zugleich widerlegt (vgl. auch Begr. S. 428 Note 4) die von M. E. Mayer, *Vergl. Darst. Bes. T. I. 374* Note 5, aufgestellte Ansicht, daß das „Auffordern" das „Anreizen" ohne weiteres mit umfasse; vgl. auch Olshausen, Note 3 zu § 110.

Bezüglich der „Verherrlichung“ heißt es in der Begr. S. 481: „Das zu diesem Gesetzesvorschlag Anlaß gebende Treiben in einem Teil der Tagespresse und in öffentlichen Versammlungen ist seit längerer Zeit allbekannt. Es ist zuzeiten auf einen hohen Grad gestiegen und hat namentlich in bezug auf eine Anzahl im Auslande verübter Morde an Fürsten und Staatsmännern in weiten Kreisen der Bevölkerung Anstoß und Entrüstung erregt, und zwar um so mehr, je seltener es möglich war, ihm auf Grund der gegenwärtigen Gesetze entgegenzutreten. Daß der § 131 diese Lücke schließt, entspricht sowohl der juristischen Logik, wie einem dringenden Bedürfnis. Denn nirgends tritt die Verachtung der gesetzlichen Ordnung und die grundsätzliche Auflehnung gegen sie schärfer zutage, als in der die gesetzliche Ordnung bewußt gefährdenden Verherrlichung von begangenen Verbrechen, nirgends ist es daher folgerichtiger, wenn der Staat dieser Negation der Grundlagen seiner Ordnung mittels des Strafgesetzes entgegenwirkt. Nichts aber ist andererseits so verderblich für die Gesinnung mancher Kreise der Bevölkerung gegenüber der gesetzlichen Ordnung, als wenn man sie gewöhnt, diejenigen als Helden zu preisen, die diese Ordnung mit Füßen getreten haben und diejenigen als Märtyrer anzusehen, die dafür Strafe erleiden.“ Zwar sei die Vorlage von 1894 gescheitert. „Seitdem sind jedoch in dem hier in Betracht kommenden Punkte die schon damals beobachteten Mißstände in so vermehrtem und verstärktem Maße hervorgetreten, daß eine Wiederholung der früheren Forderung geboten erscheint“ (Begr. S. 482).

Daß die von der Begr. hervorgehobenen Mißstände bestehen, soll nicht in Abrede gestellt werden. Eine andere Frage ist, ob es als opportun angesehen werden kann, den Entwurf eines neuen deutschen StGB. mit Vorschlägen zu belasten, welche die politischen Gegensätze in so hohem Grade berühren, wie es bei den Vorlagen von 1875 und insbesondere von 1894 zu beobachten war. Entsteht doch damit die Gefahr, daß der ganze Entwurf, wie seinerzeit jene Vorlagen, an rein politischen Hindernissen scheitert[1]).

Sieht man von diesem taktischen Bedenken ab, so ist die Ausdehnung der Strafbarkeit von der „Aufforderung“ auf die „Aufreizung“ meines Erachtens insoweit zu billigen, als es sich um „Aufreizung“ zur Begehung von „Verbrechen“ handelt. Da nach

[1]) Vgl. bereits v. Hippel, *Vergl. Darst. Bes. T. II. 66*, wo er Vorschläge zur Abänderung des § 130 StGB. im Sinne der Vorlagen v. 1875 u. 1894 schon wegen ihrer zweimaligen Ablehnung im Reichstage für ausgeschlossen hält.

der vom Vorentwurf und mehr noch nach der diesseits vorgeschlagenen Regelung[1]) für die Aufforderung „zur Auflehnung gegen Gesetze oder rechtsgültige Verordnungen oder gegen die von der Obrigkeit innerhalb ihrer Zuständigkeit getroffenen Anordnungen" nur die Aufforderung zur Auflehnung gegen solche Gesetze übrig bleibt, deren Verletzung bloß mit Übertretungs- oder überhaupt keiner Strafe bedroht ist, erscheinen die hier in Frage kommenden Angriffsobjekte nicht als schwerwiegend genug, um sie schon gegen einen Angriff durch das verhältnismäßig mittelbare Angriffsmittel der „Aufreizung" zu schützen. Gleiches gilt aber vom Schutze derjenigen Gesetze, deren Verletzung bloß mit Vergehensstrafe bedroht ist. Auch für diese genügt strafrechtlicher Schutz gegen die direkte „Aufforderung" zu ihrer Übertretung. Hat sich doch für die Bedrohung der „Verherrlichung" auch der Vorentwurf auf Inkriminierung der Verherrlichung von „Verbrechen" beschränkt. Die „Aufreizung" zu „Verbrechen" zu bedrohen, ist aber allerdings, insbesondere mit Rücksicht auf die anarchistische Propaganda, billigenswert. So stellt denn auch Art. 184 *SchVE.* unter Strafe die öffentliche „Aufreizung" „zu einem Verbrechen, das mit Zuchthaus bedroht ist"[2]).

Was die Bedrohung der „Verherrlichung begangener Verbrechen" anlangt, so ist die hierin liegende Pönalisierung auch der noch nicht „provokatorischen Glorifikation" nicht ohne Bedenken[3]), und zwar aus dem ja immer und immer wieder hervorgehobenen Grunde, daß der wissenschaftlichen und sachlichen politischen Kritik, ja sogar dem künstlerischen Schaffen damit Fesseln auferlegt werden können. Die Berechtigung dieser Bedenken erkennt die Begr. S. 482 durchaus an. Nur meint sie, daß durch das verlangte Merkmal der „Gefährdung der gesetzlichen Ordnung" diesem Bedenken der Boden

---

[1]) Vgl. oben S. 68 Anm. 2.

[2]) Nach Zeit und Ort individuell bestimmt braucht, das Verbrechen wohl nach dem *SchVE.* (vgl. M. E. Mayer, *Vergl. Darst. I. 414 ff.*) so wenig zu sein, wie nach § 111 StGB. (Olshausen, Note 4 b zu § 111) und nach § 131 *DVE.* (Begr. S. 479). — Der *OVE.* bedroht sowohl in § 163 Ziff. 1, wie in § 239, außer der sofort im Text zu besprechenden „Anpreisung", nur die „Aufforderung".

[3]) Sie findet sich allerdings, wie die Begr. S. 481 Note 1, richtig ausführt, in weitestgehender Fassung insbesondere in § 140 des norwegischen StGB. Aber schon M. E. Mayer, a. a. O. S. 420, konstatiert, daß die bloße Tatsache, daß eine Satzung im Auslande sogar weit verbreitet ist, zur Unterstützung ihrer Aufnahme nicht immer auszureichen pflegt.

entzogen werde. Ob dies indessen wirklich der Fall ist, kann immerhin zweifelhaft sein. Die Begr. S. 482 bemerkt, durch Beschränkung der Strafbarkeit auf die Verherrlichung wirklich „begangener“ Verbrechen „scheidet die Besprechung . . . unhistorischer Verbrechen (Wilhelm Tell) aus“. Sie scheint demnach selbst nicht für ganz ausgeschlossen zu halten, daß, wäre „Wilhelm Tell“ historisch, sein Autor unter Umständen dem § 131 Vorentwurf hätte unterfallen können. Wenn M. E. Mayer[1]) „krassen Beispielen“ gegenüber auf eine Vertiefung der Schuldlehre verweist, die im Einzelfall Strafwürdiges und Unsträfliches zu sichten lehren würde, so ist zu erwidern: Die hier in Betracht kommende Frage nach normativen Elementen im Schuldbegriff gehört heute zu den strittigsten; auf diesem schwanken Boden kann der Gesetzgeber unserer Tage jedenfalls noch nicht aufbauen. Man wird daher — was übrigens M. E. Mayer[2]) selbst tut — mindestens die „Absicht“ des Täters, die gesetzliche Ordnung zu gefährden, fordern müssen[3]), unbeschadet natürlich der objektiven Gefährdung selbst[4]).

Hält man diese Einschränkung des Tatbestandes nicht für ausreichend, so bleibt nichts übrig, als sich auf die Bestrafung der sogenannten „provokatorischen Glorifikation“ zu beschränken. Auch da sind verschiedene Grade möglich. Entweder man begnügt sich damit, die „Verherrlichung begangener Verbrechen“ als ein besonderes Aufreizungsmittel hervorzuheben[5]). Daß bei dieser Regelung die Erwähnung der „Verherrlichung“ streng genommen überflüssig sein würde, ist kein Gegengrund angesichts des Gewinnes für die Anschaulichkeit durch Hervorhebung eines praktisch so wichtigen Falles. Oder aber — und dann würde die Hervorhebung der „Verherrlichung“ ihre besondere Bedeutung behalten — man stellt neben dem „Aufreizen“ noch das „Anpreisen von Verbrechen“ unter Strafe. Das „Anpreisen“ strafbarer Hand-

---

[1]) *Vergl. Darst. Bes. T. I. 421, 422.*

[2]) A. a. O. S. 373, 374, 423.

[3]) Daß diese „Absicht“ „oft schwer erweislich sei“ (Begr. S. 483), kann nicht zugegeben werden. Bemerkt doch die Begr. a. a. O. selbst, daß viel eher das Bedenken besteht, es könne „nur aus der politischen Stellung des Täters heraus auf seine ordnungsfeindliche Absicht geschlossen werden“.

[4]) Mit Recht wendet sich die Begr. S. 483 gegen M. E. Mayer, der sich mit dem Erfordern der „Absicht“ begnügt.

[5]) So die Vorlage v. 1875, der Reichstagskommissionsbeschluß zur Vorlage v. 1894, aber auch § 10 Abs. 2 Sprengstoff-Ges. und der *SchVE.* Art. 184.

lungen findet sich einerseits selbständig[1]), andererseits als einzige Glorifikationsform[2]) mit Strafe bedroht im *OVE.* §§ 163 Ziff. 1, 239, aber auch bereits in § 87 preußischen StGB.[3]) und § 108 des dem Reichstage vorgelegten Entwurfs eines norddeutschen StGB. —

Außer durch Ausdehnung der Strafbarkeit auf „Aufreizung“ und „Verherrlichung“ ist der Tatbestand des § 131 Vorentwurf im Verhältnis zum geltenden Recht durch Streichung des Merkmals „vor einer Menschenmenge“ (in § 110 StGB.) erweitert. Die Begr. rechtfertigt die Streichung mit der Unbestimmtheit dieses Merkmals. Es habe „auch bisher dem Angeklagten kaum einen Schutz“ gewährt, „da in der Rechtsprechung angenommen worden ist, daß schon wenige Personen eine Menschenmenge bilden können. Nicht in dem Handeln vor einer Menge, sondern in der Öffentlichkeit der Begehung liegt die Rechtfertigung der Strafdrohung“ (S. 429). Außerdem würde die Weglassung durch Einfügung des Erfordernisses der „Gefährdung der gesetzlichen Ordnung“ ausgeglichen (S. 479). Die Erklärung, daß der Begriff der „Menschenmenge“ unbestimmt sei und dem Angeklagten kaum einen Schutz gewähre, steht im Widerspruch damit, daß der Vorentwurf den Begriff in §§ 127, 133 verwertet, ja ihn im § 127 neu aufgenommen hat[4]). Dagegen ist zuzugeben, daß der Begriff, der streng genommen nur eine ungeordnete Mehrheit von Menschen bedeutet[5]), gerade in den Fällen des § 131 Vorentwurf eine ungerechtfertigte Einengung des Tatbestandes darstellt[6]). Im wesentlichen liegt allerdings in der Öffentlichkeit der Begehung die Begründung der Strafdrohung. Dennoch erscheint das bloße Merkmal „öffentlich“ nur genügend bei der Aufforderung usw. „zur Begehung von Verbrechen oder Vergehen“. Bei der Aufforderung zur Auflehnung gegen sonstige Gesetze usw. wird es richtig sein, außer dem Erfordernis der „Öffentlichkeit“ der Begehung auch das der Begehung „vor einer Menschenmenge“ stehen zu lassen, aber hinzuzufügen

---

[1]) Als **Anreizungsmittel** heben es hervor der Reichstagskommissionsbeschluß zur Vorlage v. 1894 u. § 10 Abs. 2 Sprengstoffges.

[2]) In der Vorlage v. 1894 wurde daneben noch das „Als-erlaubt-darstellen“ aufgeführt.

[3]) Wo „anpreist“ in der Kommission der zweiten Kammer an Stelle des in der Regierungsvorlage stehenden „als erlaubt darstellt“ gesagt worden war; vgl. darüber Beseler, Komm. z. StGB. f. d. preuß. Staaten, 1851, S. 252ff. (zu §§ 87, 88).

[4]) Vgl. oben S. 54, allerdings das. Anm. 1.

[5]) Anders freilich RGEntsch. *XL. 76.*

[6]) Vgl. schon M. E. Mayer, *Vergl. Darst. I. 375, 376.*

„oder in einer öffentlichen Versammlung". Diese Vorschläge stützen sich auf Art. 184 *SchVE.*, §§ 163 Ziff. 1, 239 *OVE.* Beide begnügen sich mit der „Öffentlichkeit" der Begehung schlechtweg nur bei der Aufforderung usw. zu „Verbrechen". Soweit dagegen der *OVE.* noch die Aufforderung usw. zu sonstigen strafbaren Handlungen oder zu sonstiger Verletzung von Rechtspflichten mit Strafe bedroht, verlangt er, daß die Tat „in einer Druckschrift oder öffentlichen Versammlung oder vor einer Menschenmenge" begangen sei (*OVE.* §§ 163 Ziff. 1, 239 Ziff. 3). Der diesseitige Vorschlag geht also immer noch nicht nur über den *SchVE.*, sondern auch über den *OVE.* hinaus.

Dabei sei gleich noch eines bemerkt. Der *OVE.* hält offenbar, wie aus dem Gegensatz der Ziff. 1 u. 3 des § 239 hervorgeht, für selbstverständlich, daß das Merkmal „in einer Druckschrift" nur einen qualifizierten Fall der „öffentlichen" Begehung bezeichne. Bekanntlich steht umgekehrt die herrschende Lehre bei Auslegung des § 110 StGB. auf dem Standpunkt, daß das Merkmal „durch Verbreitung . . . von Schriften usw." „Öffentlichkeit" der Begehung nicht voraussetze[1]), und die Begr. S. 429 hält für die §§ 102, 131 Vorentwurf an dieser Auffassung fest. Ich vermag sie als zutreffend nicht anzuerkennen. „Es würde kein Sinn darin zu finden sein, wenn neben den öffentlichen Aufforderungen eine nichtöffentliche in den Tatbestand eingereiht sein sollte"[2]). Auch ist der Verbreitungsbegriff in §§ 110 StGB., 131 Vorentwurf offenbar derselbe, wie der des Preßrechts, der — wenigstens richtiger Ansicht nach[3]) — die Öffentlichkeit in sich schließt. In dem von der Begr. S. 429 als Beispiel nichtöffentlicher Verbreitung gegebenen Fall der Verbreitung „in Kasernen" liegt meines Erachtens öffentliche Verbreitung vor[4]). Stellt man sich auf den hier vertretenen Standpunkt, so würde es, soweit lediglich die „Öffentlichkeit" der „Aufforderung" usw. vorausgesetzt würde (d. i. bei „Aufforderung" usw. „zur Begehung von Verbrechen und Vergehen"), sowenig, wie in

[1]) Vgl. Olshausen, Note 10 zu § 110.

[2]) So M. E. Mayer, *Vergl. Darst. Bes. T. I. 377,* der aber das. Note 4 seltsamerweise Olshausen für sich anruft. Wie im Text insbesondere v. Liszt, Lehrb. 16. u. 17. Aufl. § 175 Note 3 (§ 109 bei Note 4).

[3]) v. Liszt, Reichspreßrecht S. 150; anders v. Schwarze-Appelius, Das Reichspreßgesetz, 4. Aufl. S. 15.

[4]) Da in Ermangelung jedes Vertrauensverhältnisses zwischen Verbreiter und Empfängern der Verbreiter das Bewußtsein hat, die Schrift mit der Übergabe einem nach Zahl und Individualität unbestimmten Personenkreis zugänglich zu machen.

Art. 184 *Sch.*, § 239 Ziff. 1 *OVE.*, der besonderen Hervorhebung „oder durch Verbreitung usw." bedürfen.

Was andererseits die Einengung des Tatbestandes der §§ 110, 111 StGB. in § 131 Vorentwurf durch das Erfordernis der „Gefährdung der gesetzlichen Ordnung" anlangt, so bedarf es dieses Merkmals allerdings, soweit die „Aufreizung" oder gar die „Glorifikation" unter Strafe gestellt wird. Dagegen halte ich es für die Strafwürdigkeit der unmittelbaren „Aufforderung" für entbehrlich. Man hat niemals etwas davon gehört, daß die Anwendung der §§ 110, 111 StGB. zu Härten geführt habe. Der *Sch.* und *OVE.* kennen das Merkmal nicht.

Nicht ausdrücklich Stellung nehmen der Vorentwurf und seine Begr. zu der Hauptkontroverse, die sich an § 110 StGB. knüpft, nämlich zu der, ob auch die bürgerlichen Gesetze im Sinne des § 110 Gehorsam fordern[1]). Indem aber der § 131 Vorentwurf statt von Aufforderung usw. zum „Ungehorsam" von Aufforderung zur „Auflehnung" gegen Gesetze usw. spricht, stellt er die schon jetzt herrschende und meines Erachtens richtige Auslegung sicher, daß alle gesetzlichen Pflichtgebote Objekt des Strafschutzes des § 131 sind, freilich eben nur ihre Autorität in abstracto, nicht in concreto[2]).

Das Prinzip der Nichteinarbeitung der strafrechtlichen Nebengesetze hat hier zur Unterlassung der Einarbeitung des § 10 des Sprengstoffges. v. 9. Juni 1884 geführt. Das Verhältnis dieses Paragraphen, insbesondere des Abs. 2 desselben zu § 131 Vorentwurf müßte, wenn letzterer in der vorgeschlagenen Form Gesetz würde, ein besonders unklares werden[3]).

[1]) Vgl. darüber M. E. Mayer, a. a. O. S. 365ff., insbes. S. 369ff.

[2]) Der Anregung Bindings, Lehrb. *Bes. T. II. 2, 846* Note 5, der, a. a. O. S. 851ff., gegen die vom RG. aufgestellte Unterscheidung von abstrakter Auflehnung und konkreter Nichtbefolgung polemisiert, einfach die öffentliche Aufforderung zur Verletzung von Rechtspflichten mit Strafe zu bedrohen, ist der Vorentwurf nicht gefolgt, weil er eben nur die Aufforderung zur (sc. konkreten) Begehung von Verbrechen oder Vergehen, im übrigen nur die zur (sc. abstrakten) „Auflehnung" gegen Gesetze bedroht (vgl. Begr. S. 480 Note 1); vgl. übrigens auch oben S. 67 Anm. 3. Ebensowenig hat aber der Vorentwurf den § 110 gestrichen, wie M. E. Mayer, a. a O. S. 371 bis 373, vorgeschlagen hat. Daß Verurteilungen aus § 110 „ganz seltene Erscheinungen" seien (so M. E. Mayer, S. 371 zu Note 5), trifft in dieser Allgemeinheit jedenfalls nicht zu. Im Jahre 1907 sind 272 Verurteilungen vorgekommen.

[3]) Der noch in § 16 d. Preßges. v. 7. Mai 1874 enthaltene Fall einer strafbaren öffentlichen Aufforderung könnte meines Erachtens de lege ferenda

Zusammenfassend schlage ich also an Stelle des § 131 Vorentwurf zwei Paragraphen vor. Der eine wäre in den 6. Abschnitt des Vorentwurfs einzustellen und müßte etwa lauten:

„Wer öffentlich vor einer Menschenmenge oder in einer öffentlichen Versammlung oder durch Verbreitung von Schriften, Abbildungen oder Darstellungen zur Auflehnung gegen Gesetze oder rechtsgültige Verordnungen oder gegen die von der Obrigkeit innerhalb ihrer Zuständigkeit getroffenen Anordnungen auffordert, wird mit Gefängnis oder Haft bis zu einem Jahre oder mit Geldstrafe bis zu eintausend Mark[1]) bestraft."

Das Marginale dieses Paragraphen hätte „Aufwiegelung" zu lauten.

Der andere Paragraph hätte an derselben Stelle zu bleiben wie der § 131 Vorentwurf, nur mit dem Marginale „Öffentliche Aufforderung zu Verbrechen oder Vergehen", und hätte etwa wie folgt zu lauten:

„Wer öffentlich zur Begehung von Verbrechen oder Vergehen auffordert, oder wer die gesetzliche Ordnung dadurch gefährdet, daß er öffentlich zur Begehung von Verbrechen, namentlich auch durch Verherrlichung begangener Verbrechen, aufreizt, wird mit Gefängnis oder Haft bis zu zwei Jahren oder mit Geldstrafe bis zu zweitausend Mark bestraft. War den Gegenstand der Aufforderung oder Aufreizung ein landesverräterisches[2]) oder gemeingefährliches[3]) Verbrechen oder Mord, so ist die

einfach gestrichen werden, da er durch die Strafdrohungen des § 131 Vorentwurf in Verbindung mit § 172 Vorentwurf (Strafvereitelung) genügend gedeckt scheint. Schon für das geltende Recht — § 257 StGB. ist weit enger gefaßt als § 172 Vorentwurf — folgert M. E. Mayer, a. a. O. S. 383 Note 3, bezeichnenderweise die Unentbehrlichkeit des § 16 Preßges. (trotz StGB. §§ 111, 257) insbesondere daraus, daß er eben existiert.

[1]) Ich glaube der Reihenfolge der Androhung von Geld- und Freiheitsstrafe in einer alternativen Strafdrohung heute — vgl. oben S. 65 Anm. 2 — kein übermäßiges Gewicht mehr beilegen zu sollen.

[2]) Die Aufforderung oder Aufreizung zu hochverräterischen Verbrechen wird in § 102 Abs. 1 Vorentwurf besonders geregelt.

[3]) Darunter eine der in den §§ 5 und 6 des Sprengstoffgesetzes bezeichneten strafbaren Handlungen, die in den 14. Abschnitt des Vorentwurfs einzuarbeiten wären. Soweit der Tatbestand des § 10 des Sprengstoffgesetzes über den der öffentlichen Aufforderung oder Aufreizung hinausgeht, verdient er keine Aufrechterhaltung; vgl. Binding, Lehrb. *Bes. T. II. 2, 858*; M. E. Mayer, a. a. O. S. 384 zu Note 3.

Strafe Zuchthaus bis zu fünf Jahren oder Haft von einem bis zu fünf Jahren, bei mildernden Umständen Gefängnis oder Haft von sechs Monaten bis zu zwei Jahren."

§ 132 Vorentwurf. Bedurfte es zu § 131 Vorentwurf eingehender Erörterungen, so können wir uns zu § 132, der den sog. Duchesne-§ 49a StGB. reproduziert, um so kürzer fassen. § 132 Vorentwurf ist in jeder Beziehung zu billigen.

Zu billigen ist zunächst seine Versetzung aus dem *Allg.* in den *Bes. T.* Solange an der sog. akzessorischen Natur der Teilnahme festgehalten wird, gehört der Anstiftungsversuch — sowie die Anerbietung und Annahme — in den *Bes. T.*[1]). Zu billigen ist ferner die Eingliederung in den 7. Abschnitt und in unmittelbarem Anschluß an das Delikt der „öffentlichen Aufforderung", mit dem die „Aufforderung zum Verbrechen" verwandt ist[2]). Wenn aber danach auch der Anstiftungsversuch als delictum sui generis anzuerkennen ist, so liegt kein zwingender Grund vor, über die „Aufforderung" hinaus jede Art der erfolglosen Anstiftung mit Strafe zu bedrohen[3]). Andererseits hält der *DVE.* mit Recht — glaube ich[4]) —, gleich Art. 185 *Sch.*, § 240 *OVE.*, an der Strafbarkeit der „Anerbietung", auch an der Strafbarkeit der „Annahme"[5]) fest (Begr. S. 484—486). Zu begrüßen ist die Vereinfachung des Tatbestandes, besonders die Streichung des Abs. 3 des § 49a mit seiner praesumtio iuris et de iure der „Ernstlichkeit" in gewissen, willkürlich herausgegriffenen Fällen (Begr. S. 486, 487)[6]). Zu begrüßen ist ferner die ganz erhebliche Herabsetzung des Strafrahmens[7]), wobei ich nur nicht ganz sicher bin, ob nicht die Ab-

---

[1]) Begr. S. 311, 312; v. Birkmeyer, *Vergl. Darst. Allg. T. II. 157*; anders allerdings *SchVE.* Art. 23 Ziff. 1 Halbs. 2, *OVE.* § 15.

[2]) v. Birkmeyer, a. a. O.; vgl. auch *SchVE.* Art. 185, *OVE.* § 240 für das Delikt der „Anerbietung". Da das Delikt des § 132 freilich nicht die öffentliche „Ordnung" angreift (Begr. S. 483), so wäre seine Aufnahme in den 7. Abschnitt ein weiterer Anstoß, die Überschrift des Abschnitts so, wie oben S. 63, 64 vorgeschlagen, zu ändern, was freilich die das. erwähnten Umstellungen bedingen würde.

[3]) Begr. S. 484; anders v. Birkmeyer, S. 156, und der *Sch.* u. *OVE.*

[4]) Anders allerdings v. Birkmeyer, S. 154, 155.

[5]) Vgl. v. Birkmeyer, S. 156 bei Note 7, einerseits, *SchVE.* Art. 185 Abs. 2 andererseits.

[6]) Ebenso schon v. Birkmeyer, S. 157.

[7]) Gefängnis oder Haft bis zu zwei Jahren, bei mildernden Umständen Geldstrafe bis zu 2000 M statt Gefängnis nicht unter drei Monaten, bzw. Gefängnis bis zu zwei Jahren oder Festungshaft von gleicher Dauer in § 49a.

stufung des § 49a Abs. 1 StGB. je nach der Schwere des geplanten Verbrechens Aufrechterhaltung verdient hätte (so § 240 *OVE.*)[1]), und ob nicht, wenn der Vorentwurf schon überhaupt die „Aufenthaltsbeschränkung“ (§ 53) aufgenommen hat, gerade hier (entsprechend § 49a Abs. 4 StGB.) ihre Anwendbarkeit zu statuieren gewesen wäre. Zu begrüßen ist schließlich die Anerkennung der freiwilligen Zurücknahme der Aufforderung usw. als Strafaufhebungsgrund (Begr. S. 488)[2]).

Der den „Landfriedensbruch“ regelnde § 133 Vorentwurf hält die Begriffsbestimmung des entsprechenden § 125 StGB. im wesentlichen fest. Doch stellt er mit Recht durch eine Fassungsänderung sicher[3]), daß der Täter sich gerade im Augenblick der Verübung von Gewalttätigkeiten in der Menschenmenge befunden haben muß[4]). Wie beim Aufruhr (§ 127 Vorentwurf) ist sowohl das erhöhte Strafminimum des Grundfalles[5]), als auch das Strafmaximum gegen Rädelsführer[6]) und Gewalttätige herabgesetzt[7]); bei letzteren aber *§ 133 Vorentwurf.*

---

[1]) Selbstverständlich mit den oben S. 46 Anm. 1, S. 68 Anm. 1 erwähnten Maßgaben. Auffällig ist, daß die Begr. S. 487 die Normierung des Gefängnismaximums auf zwei Jahre in § 132 Vorentwurf mit der statistisch feststehenden Seltenheit längerer Gefängnisstrafen motiviert, während die Begr. S. 60 meinen genau ebenso motivierten Vorschlag, das Gefängnismaximum überhaupt auf zwei Jahre festzulegen, ablehnt.

[2]) Ebenso *OVE.* §§ 16, 240 Abs. 2.

[3]) Gegenüber RGEntsch. *XXXVI. 174 ff.*

[4]) Die von v. Hippel, *Vergl. Darst. Bes. T. II. 26, 27,* geforderte Sicherstellung der Begriffe „Menschenmenge“ und „mit vereinten Kräften“ vor der Auslegung des RG. (vgl. darüber v. Hippel, a. a. O. S. 6, 7, 9) bringt der Vorentwurf hier so wenig, wie beim Aufruhr; vgl. bereits oben S. 54 Anm. 1.

[5]) Von sechs auf drei Monate. Auch hier gelten die oben S. 55 zu Anm. 1 gemachten Bemerkungen. Der *OVE.* § 234 Ziff. 1 begnügt sich im Grundfall mit einem Minimum von zwei Wochen und einem Maximum von zwei Jahren Gefängnis oder Haft; allerdings ist auch hier wieder, wie beim Aufruhr (vgl. oben S. 55 Anm. 1), die Fassung eine weitere (noch viel weiter übrigens *SchVE.* Art. 186). v. Hippel, a. a. O. S. 27, hatte überhaupt Streichung des erhöhten Minimums befürwortet.

[6]) Gegen die Beibehaltung dieses Begriffs gilt das oben S. 55 Bemerkte. Der *OVE.* § 234 Ziff. 2 bedroht, außer den Gewalttätigen, den „Anstifter“ und „Anführer“ mit geschärfter Strafe.

[7]) Von zehn auf fünf Jahre Zuchthaus. Der *OVE.* § 234 Ziff. 2 droht überhaupt nur Gefängnis oder Haft von vier Wochen bis zu drei Jahren an. An Stelle der nach StGB. § 125 Abs. 2 statthaften Zulässigkeit von Polizeiaufsicht greift § 53 Vorentwurf ein.

hier auch das erhöhte Strafminimum im Falle mildernder Umstände oder (neu) nur geringfügiger Gewalttätigkeiten[1]). Andererseits hat die Vereinfachung des Tatbestandes von Abs. 2 des § 125 StGB. die Einbeziehung auch der bloßen „Beschädigung“ von Sachen zur Folge (Begr. S. 489); ich möchte aber dagegen keine wesentlichen Bedenken geltend machen[2]).

§ 134 Vorentwurf. Um so bedenklicher scheint mir die Neufassung des § 126 StGB. (Landzwang) in § 134 Vorentwurf. Daß der Kreis der Drohmittel in § 126 („Androhung eines gemeingefährlichen Verbrechens“) zu eng begrenzt ist (Begr. S. 490), ist zwar richtig[3]). Aber zu weit geht es meines Erachtens, wenn der Vorentwurf, allerdings in Übereinstimmung mit Art. 183 *Sch.*, § 236 Ziff. 1 *OVE.* und in bewußter Anlehnung an ersteren, jede „gemeingefährliche Drohung“ genügen läßt und nur beispielsweise „insbesondere mit Mord, Raub oder Brand“ hinzufügt. Dabei wird einmal übersehen, daß sowohl der *Sch.* wie der *OVE.*, an Stelle des als Tatbestandsmerkmal nicht sehr bestimmten[4]) „den öffentlichen Frieden stört“, verlangen, daß durch die Drohung „die Bevölkerung“ „in Schrecken“ bzw. „in Furcht oder Unruhe“ „versetzt“ worden sei[5]). Aber auch in Verbindung mit der Forderung dieses schweren Erfolges ist das Drohmittel der „gemeingefährlichen Drohung“ noch zu unbestimmt[6]). Die bereits oben bei der Besprechung von § 131 Vorentwurf erwähnte Vorlage einer Strafgesetznovelle von 1894 hatte sich darauf beschränkt, die Streichung des Wortes „gemeingefährlichen“ in § 126 StGB. zu fordern und dem § 126 noch einen Abs. 2 hinzuzufügen, der mit geschärfter (Zuchthaus) Strafe denjenigen bedrohte, der in staatsumstürzlerischer Absicht gehandelt habe. Die Streichung des Wortes „gemeingefährlich“ hatte die Reichstagskommission gebilligt. Die Vorlage wurde aber bekanntlich im Plenum abgelehnt[7]). Wenn nunmehr die Begr. zum Vorentwurf S. 490 ausführt, „es lassen sich auch Drohungen denken, die nicht den Tatbestand eines bestimmten Verbrechens, selbst nicht denjenigen eines bestimmten Vergehens[8]), in Aussicht stellen und doch für die Allgemeinheit höchst

[1]) Von sechs auf drei Monate; so bereits v. Hippel, a. a. O. S. 28.

[2]) Anders wohl v. Hippel, a. a. O. S. 27 zu Anm. 5.

[3]) Ebenso schon v. Hippel, *Vergl. Darst. Bes. T. II. 37.*

[4]) Die Unbestimmtheit rügt schon v. Hippel, a. a. O. S. 37.

[5]) Übereinstimmend der Vorschlag v. Hippels, a. a. O. S. 37.

[6]) Entsprechend bereits v. Hippel, S. 38 Note 1, gegenüber dem *SchVE.* („gefährliche Drohungen“).

[7]) Vgl. näheres bei v. Hippel, a. a. O. S. 30, 31.

[8]) Die „Androhung von Verbrechen oder Vergehen“ als Drohmittel zu

beunruhigend sein können", so kann ich mir eigentlich kaum ein Beispiel strafwürdigen „Landzwanges" ohne Androhung einer strafbaren Handlung denken. Die Begründung führt keines an. In Anknüpfung an den Tatbestand des Landfriedensbruchs und der Aufreizung zum Klassenkampf (§ 137 Vorentwurf) möchte ich vorschlagen, den Tatbestand des § 134 Vorentwurf zu fassen:

> „Wer die Bevölkerung durch Drohung mit Gewalttätigkeiten, insbesondere mit Mord, Raub oder Brand, in Furcht versetzt[1])."

Wird der Tatbestand des § 134 Vorentwurf wie vorgeschlagen begrenzt, so kann die, in grundsätzlicher Übereinstimmung mit dem *Sch.* und *OVE.*[2]) und mit Rücksicht auf die Verschärfung der Strafdrohung des § 241 Vorentwurf (= § 241 StGB.), vorgeschlagene Erhöhung des angedrohten Gefängnismaximums von ein auf zwei Jahre gebilligt werden. Zu erwägen wäre höchstens die alternative Androhung von Haft (die sich ja auch z. B. in §§ 131, 132, 137, 241 Vorentwurf findet)[3]). Schmerzlich fühlbar wird gerade hier die prinzipielle Ablehnung der „Friedensbürgschaft" auch als Präventivmaßregel (Begr. S. 48)[4]).

§ 135 Vorentwurf gibt den § 127 StGB. (Bildung eines bewaffneten Haufens) mit vereinfachtem Tatbestande[5]) und herab- *§ 135 Vorentwurf.*

---

statuieren, empfiehlt v. Hippel, S. 38, unter der Bedingung, daß man den schwereren Erfolg fordere, daß die Bevölkerung wirklich in ernsthafte Beunruhigung bzw. Schrecken versetzt wurde.

[1]) Ebenso wie § 134 Vorentwurf ist meines Erachtens der dem § 241 StGB. entsprechende § 241 Vorentwurf zu weit gefaßt, wenn er sagt: „Wer durch gefährliche Drohung einen anderen in seinem Frieden stört." Auch hier hätte sich eine einwandfreiere Fassung finden lassen, etwa dahin: „Wer einen anderen mit Gewalttätigkeiten unter solchen Umständen bedroht, daß die Drohung geeignet ist, ernstliche Furcht hervorzurufen." Bei der Bedrohung des Einzelnen bedarf es nämlich, im Gegensatz zum Landzwang, der Aufstellung eines objektiven Kriteriums; ebenso *OVE.* §§ 236 Ziff. 1, 322 Ziff. 1; anders anscheinend Begr. z. *DVE.* S. 490, 675.

[2]) Vgl. auch den Reichstagskommissionsbeschluß zur Vorlage v. 1894 (bei v. Hippel, a. a. O. S. 31 Note 2) u. v. Hippel S. 38, 39.

[3]) v. Hippel, S. 39, zieht sogar Zulässigkeit von Geldstrafe in Erwägung.

[4]) Vgl. auch v. Hippel, a. a. O. S. 39; Rosenfeld, *Vergl. Darst. Bes. T. V. 494, 495.* Der Entw. e. Strafgesetznovelle v. 1875 sah die Friedensbürgschaft u. a. beim Landzwang vor; vgl. darüber Goldschmidt, *Vergl. Darst. Allg. T. IV. 428 ff.*

[5]) Nach dem Vorschlage v. Hippels, *Vergl. Darst. Bes. T. II. 46.*

gesetztem Strafrahmen[1]) wieder. Die Strafdrohung, ausweislich der Reichskriminalstatistik ohne jede Bedeutung, mag in Zeiten der Erregung generalprävenierend wirken. Daher rechtfertigt sich ihre Beibehaltung[2]). Dagegen hätte der von v. Hippel, unter Bezugnahme auf Italien, gemachte Vorschlag[3]) befolgt werden können, zu unterscheiden zwischen der Bildung eines bewaffneten Haufens zu strafbarem Zweck und der ohne strafbaren Zweck und nur ersteren Tatbestand mit Vergehens-, letzteren mit Übertretungsstrafe zu ahnden. Daß die Übertretungsstrafe, zumal die des Vorentwurfs (bis drei Monate Gefängnis), in Zeiten der Erregung nicht genügend abschreckend wirken werde (Begr. S. 490), ist bei denen, die sich überhaupt abhalten lassen wollen, meines Erachtens nicht zu befürchten. Ist der regelmäßig strafbare Zweck feststellbar, so soll ja zudem Vergehensstrafe eintreten. Auch der weitere Vorschlag v. Hippels[4]), den freiwilligen Rücktritt als Strafaufhebungsgrund anzuerkennen[5]), hätte Beachtung verdient.

§ 136 Vorentwurf. Den mit den heutigen konstitutionellen Verhältnissen im allgemeinen und dem Reichsvereinsgesetz vom 19. April 1908 im besonderen nicht mehr harmonierenden § 128 StGB. hat der Vorentwurf mit Recht gestrichen[6]) und an Stelle des § 129 StGB. in § 136 eine Strafsanktion gesetzt, welche die Teilnahme an einem nach §§ 1, 2 Reichsvereinsges. verbotenen Verein mit Strafe bedroht (Begr. S. 491, 492). Es ist dies „die Teilnahme an einem Verein, dessen Zwecke den Strafgesetzen zuwiderlaufen". Man wird zugeben müssen, daß der Vorentwurf sich damit genau auf den Boden des zugrunde liegenden Reichsvereinsrechts stellt, mag auch darin, im Verhältnis zum § 129 StGB., eine Tatbestandserweiterung liegen[7]). Diesem letzteren Umstand entspricht, daß die Strafdrohung des § 136 Vorentwurf grundsätzlich eine mildere als die des § 129 StGB.

---

1) Gefängnis oder Haft bis zu einem Jahr statt Gefängnis bis zu zwei Jahren.

2) Ebenso v. Hippel S. 45; Begr. S. 490.

3) A. a. O. S. 46.

4) A. a. O.

5) Vgl. Italien (bei v. Hippel, a. a. O. S. 45 Note 1), aber auch den *OVE.* §§ 162, 234 Abs. 2 bei Aufruhr und Landfriedensbruch, deren Tatbestände, als Absichtsdelikte, dem der Bildung eines bewaffneten Haufens nahe stehen (oben S. 55 Anm. 1, S. 79 Anm. 5). Im übrigen — vgl. auch Art. 186 *SchVE.* — fehlt ein dem § 135 Vorentwurf entsprechender Paragraph, soweit ich sehe, sowohl im *O.* als auch im *SchVE.*

6) Vgl. schon Kleinfeller, *Vergl. Darst. Bes. T. II. 288, 289.*

7) Was die Begr. S 492, 493 ausdrücklich anerkennt.

ist[1]). Nur für den Fall, daß die Zwecke des Vereins in der Begehung oder Förderung von Verbrechen bestehen, wird geschärfte Strafe (Gefängnis nicht unter drei Monaten) angedroht.

Die Begr. S. 493 bemerkt, daß abweichende Sondervorschriften der Reichsgesetze, z. B. § 6 des Sprengstoffges., unberührt bleiben. Es entsteht die Frage, ob sich nicht folgende Regelung empfehlen würde: Bedrohung der Teilnahme an einem Verein, dessen Zwecke den Strafgesetzen zuwiderlaufen, mit bloßer Übertretungsstrafe (entsprechend den §§ 18, 19 Reichsvereinsges.). Daneben, in Verallgemeinerung des dem § 6 Sprengstoffges. zugrunde liegenden Gedankens, Vergehensstrafe (etwa mit erhöhtem Minimum) gegen die Bandenbildung zum Zwecke der Begehung von Verbrechen. Einen solchen Tatbestand enthält der *OVE.* § 238[2]), dem im übrigen, ebenso wie dem *SchVE.*, — soweit ich sehe — der Tatbestand eines „Vereinsvergehens" fremd ist. Die Bandenbildung zum Zwecke der Begehung ganz besonders schwerer Verbrechen könnte[3]), ebenfalls in Verallgemeinerung des § 6 Sprengstoffges., sogar mit Zuchthaus bedroht werden[4]). Bei der Bandenbildung müßte der freiwillige Rücktritt Strafaufhebungsgrund sein[5]).

§ 137 Vorentwurf gibt den § 130 StGB. unverändert wieder. *§ 137 Vorentwurf.* Nur ist auch hier statt „anreizt" „aufreizt" gesagt[6]), der Höchstbetrag der angedrohten Geldstrafe, den allgemeinen Grundsätzen des Vorentwurfs entsprechend, auf 2000 M erhöht[7]) und wahlweise Haft zugelassen. Über die Notwendigkeit einer Strafdrohung gegen die „Aufreizung von Bevölkerungsklassen gegeneinander" im deutschen Recht ist meines Erachtens kein Wort zu verlieren[8]).

---

[1]) Gefängnis oder Haft bis zu einem Jahr oder Geldstrafe bis zu 2000 M statt Gefängnis bis zu einem Jahr bzw. von drei Monaten bis zu zwei Jahren.

[2]) Vgl. auch den Vorschlag Kleinfellers, a. a. O. S. 289.

[3]) Wie die öffentliche Aufforderung und Aufreizung dazu; vgl. oben S. 77, 78.

[4]) Vgl. bereits Kleinfeller, a. a. O. S. 289, der aber — insoweit hat die Begr. S. 493 zu Note 3 das. recht — zu weit geht, wenn er Zuchthaus bei jeder Bandenbildung zum Zwecke der Begehung von Verbrechen angedroht wissen will.

[5]) Vgl. bereits Kleinfeller, a. a. O.

[6]) Vgl. oben S. 69, 70.

[7]) Die Geldstrafe ist hier nach wie vor an erster Stelle angedroht; vgl. dazu oben S. 65 Anm. 2.

[8]) Begr. S. 494; v. Hippel, *Vergl. Darst. Bes. T. II. 60—62.* Der *OVE.* hat eine entsprechende Bestimmung in § 237. Im *SchVE.* fehlt sie, soviel ich sehe; vgl. auch v. Hippel, a. a. O. S. 57—59.

Zu beklagen ist nur, dass der Vorentwurf nicht den überzeugenden Ausführungen von Hippels[1]) gefolgt ist und die zum Tatbestandsmerkmal ungeeigneten[2]) Worte „in einer den öffentlichen Frieden gefährdenden Weise" gestrichen hat. Auch hätte, ebenfalls nach den Vorschlägen v. Hippels[3]), die Strafbarkeit ausgedehnt werden können auf die Aufreizung gegen bestimmte Einzelpersonen in ihrer Eigenschaft als Angehörige der betreffenden Bevölkerungsklasse, ja auf die Aufreizung zu bloßem feindseligen Verhalten[4]), sofern sie geschieht mittels Behauptung unwahrer Tatsachen wider besseres Wissen.

Auch hier würde die von dem Entwurf der Novelle von 1876 geplante Zulassung der Friedensbürgschaft besonders gute Dienste leisten.

Streichung des § 130a StGB. Wie bereits oben[5]) bemerkt, hat der Vorentwurf den sog. Kanzelparagraphen gestrichen. Die Begr. S. 494, 495 rechtfertigt die Streichung einmal damit, daß der Tatbestand des § 130a StGB. durch die Erweiterung des Tatbestandes des § 110 StGB. in § 131 des Vorentwurfs (Ausdehnung auf das „Aufreizen") gedeckt sei. Soweit dies nicht der Fall sei, bestehe jedenfalls jetzt, im Gegensatz zu der Zeit der Entstehung des Kanzelparagraphen, kein Bedürfnis mehr, die Geistlichen unter ein Ausnahmerecht zu stellen; dies beweise auch die seltene Anwendung des Paragraphen.

Diesseits[6]) ist die Inkriminierung der „Aufreizung" durch § 131 Vorentwurf nur für die Aufreizung zur Begehung von „Verbrechen" gebilligt worden, dagegen nicht für die Aufreizung zur Begehung von „Vergehen" oder „zur Auflehnung" gegen „Gesetze", deren Verletzung mit Übertretungs- oder gar keiner Strafe bedroht ist, oder gegen „Verordnungen" oder gegen obrigkeitliche „Anordnungen". In der diesseits befürworteten Fassung würde mithin § 131 Vorentwurf den § 130a StGB. nicht decken. Er würde es aber auch nicht in der jetzigen Fassung. Denn einmal erfordert § 131 Vorentwurf doch Aufforderung und Aufreizung zur Begehung ihrer Art nach bestimmter Verbrechen oder Vergehen, sowie zur Auflehnung gegen bestimmte Gesetze, Verordnungen oder

---

1) A. a. O S. 63.

2) Vgl. schon oben S. 80 zu Anm. 4; vor allem aber v. Hippel, a. a. O. S. 53, 54.

3) A. a. O. S. 62, 64.

4) So überhaupt allgemein *OVE.* § 237 („feindseligen Handlungen").

5) S. 63.

6) Vgl. oben S. 71, 72, 77, 78.

Anordnungen[1]). § 130a StGB. fordert dies nicht. Vor allen Dingen aber fordert § 130a überhaupt keine „Aufforderung" oder auch nur „Aufreizung" zu gesetzwidrigem Tun; es genügt jede friedensgefährdende „Verkündigung oder Erörterung" von „Angelegenheiten des Staates". § 130a erfordert schließlich durchaus nicht immer „Öffentlichkeit" der Begehung; es genügt, sofern die Handlung „in einer Kirche oder an einem anderen zu religiösen Versammlungen bestimmten Orte" begangen wird, die Begehung „vor mehreren"[2]).

Man kann danach der Begr. nicht ohne weiteres zugeben, daß durch die Erweiterung des Tatbestandes der §§ 110, 111 StGB. in § 131 Vorentwurf der § 130a StGB. im wesentlichen gedeckt werde. Ob, soweit dies nicht der Fall ist, heute jedenfalls kein Bedürfnis mehr bestehe, die Geistlichen unter ein „Ausnahmerecht" zu stellen, darüber dürften die Meinungen vielleicht ebenfalls geteilt sein[3]).

Zunächst darf nicht unwidersprochen bleiben, daß die Begr. S. 494 aus dem Anlaß der Entstehung des Kanzelparagraphen ohne weiteres auf sein Wesen schließt und es so darstellt, als sei derselbe ein Kampfgesetz „Andersgläubiger gegen katholische

---

[1]) Vgl. Olshausen, Note 21 zu § 110.

[2]) In allen diesen Fällen brauchen übrigens auch nicht § 137 Vorentwurf (= § 130 StGB.) oder die Strafbestimmungen über Beleidigung Platz zu greifen, wie die Begr. S. 494, 495 meint, so daß danach die selbständige Bedeutung des § 130a doch wohl nicht auf „einige sehr seltene Fälle" (Begr. S. 495) beschränkt sein würde.

[3]) Wenn die Begr. S. 495 Note 1 ausführt, v. Hippel, *Vergl. Darst. Bes. T. II. 102,* schlage solche Änderungen des Tatbestandes des § 130a StGB. vor, daß bei ihrer Vornahme jedenfalls § 130a im wesentlichen in § 131 Vorentwurf aufginge, so übersieht sie, daß auch v. Hippel, neben der Aufforderung zum Ungehorsam und zu strafbaren Handlungen, „beleidigende Herabwürdigung der Staatsautorität" und „bestimmte Störungen des religiösen Friedens unter den Bürgern" bestraft wissen will. Das sind aber dem § 131 Vorentwurf nicht unterfallende Handlungen. Außerdem aber geht v. Hippel, a. a. O. S. 103, sogar noch über den Tatbestand des § 130a StGB. und jedenfalls des § 131 Vorentwurf hinaus, wenn er den Geistlichen wenigstens dann stets verantwortlich machen will, sofern dieser „amtlich, also in Ausübung der Seelsorge auftrat", „ganz gleichgültig, an welchem Orte und vor wie vielen Personen". Auch Binding, Lehrbuch *Bes. T. II. 2, 896* Note 1, erklärt, wenn er auch die Fassung des § 130a nicht zu billigen scheint, doch einen „Schutz des Staates und des Staatsvolks" „gegen mißbräuchliche Verwendung der Kanzel zur Hetze gegen jenen oder dieses" für ein „dringendes Bedürfnis".

Interessen"[1]), das nunmehr nach Beilegung des Kampfes seine Existenzberechtigung verloren habe. Eine solche Auffassung weist schon v. Hippel[2]) mit dem schlagenden Hinweis zurück, daß „gerade die katholischen Länder Europas (es sind Frankreich, Belgien, Italien, Spanien und Portugal) mit alleiniger Ausnahme von Österreich" „Strafvorschriften gegen religiöse Übergriffe in weltliches Gebiet für erforderlich erachtet" hätten. Solche Vorschriften können aber auch nicht als ein ungerechtes „Ausnahmerecht" gegen einen bestimmten Stand aufgefaßt werden. Wenn die Begr. S. 495 ausführt, es sei nicht abzusehen, warum „dieselbe Tat" bei einem Geistlichen strafbar, „begangen unter ganz ähnlichen Umständen durch einen Nichtgeistlichen, etwa einen Agitator vor einer Volksversammlung oder einen akademischen Lehrer im gefüllten Hörsaale, straflos sein" sollte, so ist hier der alte Satz übersehen: „Si duo faciunt idem, non est idem". Mag man den Einfluß des akademischen Lehrers auf seine Hörer noch so hoch einschätzen, mit der Autorität des Geistlichen gegenüber den Gläubigen darf er nicht zusammengestellt werden. Außerdem steht dem Staate den akademischen Lehrern gegenüber die Disziplinargerichtsbarkeit zu; den Geistlichen gegenüber gebricht es ihm daran, trotzdem er doch gerade der Kirche seinen besonderen Schutz gewährt. Der Kanzelparagraph füllt hier nur die entstehende Lücke aus[3]). Der Agitator vor der Volksversammlung aber genießt überhaupt keine andere Autorität als die seiner mehr oder weniger guten Sache; zudem macht er sich, wenn er Staatsangelegenheiten in friedensgefährdender Weise erörtert, keines Übergriffes schuldig, sondern tritt nur als der auf, als der er sich einführte.

Endlich ist auch aus der seltenen Anwendung des § 130a nichts für seine Entbehrlichkeit zu entnehmen. Treffend sagt v. Hippel[4]): „Wir haben es hier mit einem Gesetze zu tun, welches sich an gebildete, im öffentlichen Auftreten geschulte und mit den Anforderungen des Gesetzes wohlbekannte Männer wendet. Die Hauptbedeutung einer solchen Gesetzesvorschrift liegt in ihrer vorbeugenden Wirkung; eine geringe Zahl von Verurteilungen beweist daher nichts gegen dieselbe"[5]). Dazu kommt, daß der Para-

[1]) v. Hippel, a. a. O. S. 100.

[2]) A. a. O.

[3]) Genau dieselben Grundgedanken entwickelt bereits v. Hippel, a. a. O. S. 100, 101.

[4]) A. a. O. S. 103.

[5]) Vgl. übrigens auch die Begr. S. 494 selbst.

graph natürlich für Zeiten politischer Erregung berechnet ist. Mit Recht hat der Vorentwurf aus diesem Grunde in § 135 den § 127 StGB. aufrechterhalten, trotzdem er nach der Reichskriminalstatistik überhaupt der Bedeutung ermangelt[1]). Entsprechendes hätte beim § 130a berücksichtigt werden sollen. Tatsächlich ist denn auch im Jahre 1907, aus Veranlassung des sog. Schulstreiks in Posen und Westpreußen, die Zahl der Verurteilungen aus § 130a[2]) ausweislich der Reichskriminalstatistik sofort auf 20 gestiegen[3]).

Aus allen diesen Gründen wird die Streichung des § 130a StGB. mindestens noch einmal zu überprüfen sein. Sollte man dabei zur grundsätzlichen Aufrechterhaltung eines Kanzelparagraphen kommen, so würde allerdings der § 130a wesentlich verändert werden müssen. Das unbestimmte Tatbestandsmerkmal der „Friedensgefährdung“ wäre auszumerzen[4]). Die heute jede Erörterung von Staatsangelegenheiten umfassende Strafbarkeit wäre zu beschränken. Für den Fall, daß der Geistliche unmittelbar „in Ausübung seines Berufs“ handelt, wäre andererseits von Orts- oder ähnlichen Beschränkungen abzusehen[5]). Handelte er aber nur „in Veranlassung“ der Ausübung seines Berufs (besser: „unter Bezugnahme auf seine Stellung als Religionsdiener“[6])), so wäre dafür wiederum unbedingt Öffentlichkeit seines Handelns zu fordern[7]).

Danach wäre der § 130a StGB. für den Fall seiner Beibehaltung etwa so zu fassen:

> „Ein Geistlicher oder anderer Religionsdiener, welcher in Ausübung seines Berufes oder öffentlich unter Bezugnahme auf seine Eigenschaft als Religionsdiener zu feindseligem Verhalten gegen die Staatsgewalt oder gegen andere Klassen der Bevölkerung aufreizt, wird . . . bestraft.“

§ 138 Vorentwurf[8]) gibt den § 131 StGB., abgesehen von einer *§ 138 Vorentwurf.*

---

[1]) Vgl. oben S. 82.

[2]) Die 1894—1904 im ganzen nur vier betragen hatte (Begr. S. 494).

[3]) Von den ausweislich der Reichskriminalstatistik im Jahre 1907 aus § 130a verurteilten 19 Personen sind nach der Begr. S. 494 Note 4 elf aus § 130a allein verurteilt worden.

[4]) Vgl. bereits oben S. 80 zu Anm. 4, S. 84 zu Anm. 2.

[5]) Alles das sind im wesentlichen auch Vorschläge v. Hippels; vgl. oben S. 85 Anm. 3.

[6]) So Binding, Lehrb. *Bes. T. II. 2*, S. 896 zu Note 3.

[7]) Was § 130a (arg. „vor Mehreren“ in Abs. 1, „ausgibt“ in Abs. 2) nicht unbedingt verlangt; vgl. im übrigen zu „verbreitet“ in Abs. 2 oben S. 75.

[8]) Vgl. über § 138 Vorentwurf bereits oben S. 43 zu Anm. 1 u. S. 65 Anm. 2.

Anpassung des Tatbestandes an die moderne Terminologie und der Strafdrohung an die Strafdrohungsgrundsätze des Vorentwurfs, sachlich unverändert wieder. Beides, die Beibehaltung des Paragraphen überhaupt und in sachlich unverändeter Gestalt, ist grundsätzlich zu billigen. Höchstens ein Punkt wäre zu beanstanden. Der Vorentwurf hat (Begr. S. 496) davon abgesehen, den Tatbestand nach v. Hippels[1]) Vorschlag durch Fallenlassen des Merkmals der verleumderischen „Absicht“ zu erweitern, obgleich das Erfordernis „wider besseres Wissen“ ausreichen würde, die berechtigte Kritik vor Strafe zu sichern. v. Hippel[2]) hat ganz recht, wenn er sagt: „Bewußte Unwahrheit und berechtigte Kritik sind unversöhnliche Gegensätze[3]).“ Auf der anderen Seite wäre es wünschenswert gewesen sicherzustellen, daß die behauptete oder verbreitete Tatsache objektiv geeignet sein müsse, Staatseinrichtungen oder Anordnungen der Obrigkeit verächtlich zu machen[4]).

§ 139 Vorentwurf. § 139 Vorentwurf[5]) gibt, abgesehen von einer Anpassung der Strafdrohung an die allgemeinen Strafdrohungsmaximen des Vorentwurfs, den § 132 des StGB. unverändert wieder. Meines Erachtens hätten die beiden Alternativen des Tatbestandes („wer unbefugt sich mit Ausübung eines öffentlichen Amtes befaßt“ und „wer ... eine Handlung vornimmt, die nur kraft eines öffentlichen Amtes vorgenommen werden darf“), deren zweite nur ein schwererer Unterfall der ersten ist, zusammengefaßt werden müssen. Daß die Trennung der „Deutlichkeit“ dient (Begr. S. 496), ist zu leugnen. Allerdings die von Merkel[6]) vorgeschlagene zusammenfassende Formel: „wer vorsätzlich ohne Berechtigung Verrichtungen eines öffentlichen Amtes vornimmt“ ist nicht zu empfehlen, weil fraglich ist, ob sie nicht nur die zweite Alternative des § 139 Vorentwurf (§ 132 StGB.) deckt[7]). Viel einfacher wäre es, mit A. 203 *Sch.*, § 204 *OVE.* zu sagen: „Wer unbefugt sich die Ausübung eines öffentlichen Amtes anmaßt“ usw.

---

1) *Vergl. Darst. Bes. T. II. 83ff.*

2) A. a. O. S. 84.

3) Der *OVE.* §§ 164, 165 hält allerdings gleichfalls grundsätzlich an dem Erfordernis der verleumderischen Absicht fest, sieht aber dafür in § 164 Ziff. 2 von dem Erfordernis „wider besseres Wissen“ ab. Dem *SchVE.* ist die „Staatsverleumdung“, soweit ich sehe (vgl. auch v. Hippel S. 78), fremd.

4) Über diese an § 131 StGB. sich knüpfende Streitfrage vgl. Goltdammers Archiv *XXXV. 59* Note 6; v. Hippel, a. a. O. S. 74.

5) Vgl. über denselben bereits oben S. 43 Anm. 1.

6) *Vergl. Darst. Bes. T. II. 345.*

7) So auch Begr. S. 496 Note 2.

In den §§ 140—142 Vorentwurf[1]) sind die §§ 133, 136, 137 StGB. mit Recht nunmehr nebeneinander gestellt, da sie gemein haben, Eingriffe in die „amtliche Verfügungsgewalt“ zu sein. Und zwar handelt es sich in allen Fällen um Eingriffe in die amtliche Verfügungsgewalt über „Sachen“, d. h. über körperliche Gegenstände, in § 140 Vorentwurf (= § 133 StGB.) nur über bewegliche, in §§ 141, 142 Vorentwurf (= §§ 136, 137 StGB.) auch über unbewegliche Sachen. Konsequent hätte nach dem schwersten § 140 Vorentwurf zuerst der demnächst schwere § 142 Vorentwurf[2]) aufgeführt und damit dem leichtesten § 141 Vorentwurf vorangestellt werden müssen. Sogar A. A. 207, 208 *Sch.* und § 201 Ziff. 1 u. 2 *OVE.*, welche beide Pfand- und Siegelbruch gleich bestrafen, stellen jenen diesem vorauf. *§§ 140 bis 142 Vorentwurf.*

Dagegen hat der Vorentwurf aus der Zusammengehörigkeit der drei Paragraphen leider nicht die Konsequenz gezogen, bezüglich ihrer, und zwar übereinstimmend, die Frage zu entscheiden, wann eine amtliche Verfügungsgewalt in ihrem Sinne begründet ist. De lege lata herrscht hier nicht nur der größte Zweifel, sondern die Frage wird bezüglich der verschiedenen Paragraphen keineswegs einheitlich beantwortet. Bezüglich des § 133 StGB. hat das Reichsgericht (Entsch. *XXVIII. 382*) anerkannt, es genüge, daß ein Organ der Staatsgewalt im geordneten Geschäftsgang den Gegenstand zu seiner Verfügung halte, mag diese Verfügung eine materiell gerechtfertigte sein oder nicht. Das preußische Obertribunal (Oppenhoff, *XII. 656*) hatte sogar den Schutz des § 133 StGB. einer Urkunde schon dann zugebilligt, wenn sie nicht vorschriftsmäßig in den behördlichen Gewahrsam genommen war. Zu § 136 StGB. erklärt dagegen auch das Reichsgericht neuerdings (Entsch. *XXXIV. 398, 399; XXXVI. 155 ff.*), im Widerspruch zu früheren Entscheidungen (*VIII. 35, XXII. 5*), für genügend, daß das verletzte Siegel von (sc. abstrakt) sachlich und örtlich zuständigen Behörden oder Beamten angelegt sei, gleichgültig, ob dabei die wesentlichen Formvorschriften (z. B. Titelzustellung vor Beginn der Zwangsvollstreckung, ZPO. § 750) beobachtet waren[3]). Gerade umgekehrt fordert das Reichsgericht (Entsch. *IX. 403, XIV. 151*; vgl. auch *XIX. 289, XXIV. 52, XXV. 109*) zu § 137 StGB.

[1]) Vgl. über dieselben bereits oben S. 43 Anm. 1.

[2]) Daß § 142 Vorentwurf ebenso im Verhältnis zu § 141 Vorentwurf die schwerere Strafdrohung ist, wie § 137 StGB. im Verhältnis zu § 136 StGB., wird dadurch nicht geändert, daß befremdlicherweise in § 142 „Haft“ an erster Stelle angedroht ist, in § 141 „Gefängnis“.

[3]) Sehr scharf hiergegen Binding, Lehrb. *Bes. T. II. 2, 625* Note 2.

ausdrücklich nicht nur, daß die Pfändung oder Beschlagnahme von zuständigen Behörden oder Beamten, sondern auch, daß sie unter Beobachtung aller wesentlichen Formen (einschließlich formaler Voraussetzungen) vorgenommen worden sei. Soweit bei Feststellung formaler Voraussetzungen (z. B. Gewahrsam des Exequenden) dem tatsächlichen Ermessen Raum bleibt, hält das Reichsgericht (Entsch. *XXV. 109*), konsequent seiner zu § 113 StGB. ausgesprochenen Ansicht (so Entsch. *V. 297*, *XIX. 69*), die Pflichtmäßigkeit der getroffenen Entscheidung, ohne Rücksicht auf ihre Richtigkeit, für ausreichend. Andererseits fordert das Reichsgericht offenbar (arg. Entsch. *V. 208*, *XIX. 164*) auch noch mindestens Pflichtmäßigkeit der Amtsausübung bei Feststellung von tatsächlichen Voraussetzungen, die zweifellos nicht mehr rein formaler Natur sind (z. B. der Pfändbarkeit der gepfändeten Sachen, ja anscheinend sogar — Entsch. *IX. 404* — des Eigentums des Exequenden).

Die Begr. zum Vorentwurf (S. 499) erklärt nun zu § 142 Vorentwurf (= § 137 StGB.): „Es ist nicht Aufgabe des Strafgesetzes, darüber zu bestimmen, unter welchen Voraussetzungen eine wirksame, wenn auch vielleicht anfechtbare Verstrickung entsteht, fortdauert und endet, ebensowenig wie das Strafgesetz beim Diebstahlstatbestand darüber sich aussprechen kann, unter welchen Voraussetzungen eine Sache für den Täter eine fremde ist."

Indessen dieses Gleichnis trifft nicht zu. Der Begriff „fremde Sache" beim Diebstahlstatbestand ist nicht nur im wesentlichen unbestritten, sondern er ist auch für den Diebstahlstatbestand wirklich zweifellos derselbe, wie der des Zivilrechts. Nichts davon läßt sich für die hier zugrunde liegenden Merkmale sagen[1]). Es ist also dringend erforderlich, daß das Strafgesetz in §§ 140—142, so gut wie in § 126 Vorentwurf (= § 113 StGB.)[2]), bestimmt, welche Voraussetzungen gegeben sein müssen, damit von einer „amtlichen" oder besser „staatlichen Verfügungsgewalt" im Sinne dieser Paragraphen gesprochen werden kann. Daß der Vorentwurf dies versäumt, ja in § 142 sogar noch das in § 137 StGB. enthaltene Erfordernis der Pfändung oder Beschlagnahme „durch die zuständigen Behörden oder Beamten" gestrichen hat[3]), ist entschieden zu mißbilligen[4]).

[1]) Vgl. auch noch unten S. 95 Anm. 2.

[2]) Vgl. darüber ausführlich oben S. 49—53.

[3]) Was allerdings Merkel, *Vergl. Darst. Bes. T. II. 399*, empfohlen hatte.

[4]) Die Streichung des „unbefugt" in § 136 StGB. (§ 141 Vorentwurf. dazu Begr. S. 498 Note 4) mag unbeanstandet bleiben. Ob das Erfordernis

In allen drei Paragraphen ist Angriffsobjekt allerdings die tatsächliche „staatliche Verfügungsgewalt", speziell in §§ 141, 142, analog wie in § 126 Vorentwurf, das staatliche ius executionis, nicht das ius exequendi[1]). Von einer „staatlichen Verfügungsgewalt" kann man aber nur dann reden, wenn die Verfügungsgewalt für den Staat durch (sc. abstrakt) sachlich und örtlich zuständige Behörden oder Beamten unter Beobachtung der wesentlichen Formen (einschließlich der formalen Voraussetzungen) begründet worden ist. Insoweit müssen mithin die Behörden und Beamten in den Fällen der §§ 140—142 genau ebenso „rechtmäßig" gehandelt haben, wie der Vollstreckungsbeamte im Fall des § 126 Vorentwurf[2]). In allen drei Paragraphen müssen und können die danach erforderlichen Kriterien der „staatlichen Verfügungsgewalt" als Tatbestandsmerkmale aufgenommen werden[3]).

der „Rechtswidrigkeit" ausdrücklich in einem Tatbestand aufgenommen ist oder nicht, ist im Grunde gleichgültig, da die Rechtswidrigkeit immer stillschweigend vorausgesetztes Tatbestandsmerkmal ist.

[1]) Darüber Goldschmidt, Ungerechtfertigter Vollstreckungsbetrieb § 11 S. 78; Rechtsgrund usw. der staatlichen Entschädigungspflicht usw. vor u. unter I u. unter III das.; oben S. 51 bei Anm. 2 zu § 126 Vorentwurf.

[2]) Insoweit also kann für § 141 Vorentwurf nicht befürwortet werden, die Auslegung des § 136 StGB. durch das Reichsgericht und den ihm folgenden Olshausen, Note 4 zu § 136, zu sanktionieren; es muß vielmehr insoweit jedenfalls de lege ferenda Binding, Lehrbuch, *Bes. T. II. 2, 625* Note 2, zugestimmt werden. Aber auch für § 140 Vorentwurf muß, im Gegensatz zu der vom Reichsgericht und hier auch von der gemeinen Meinung beliebten Auslegung des § 133 StGB., gefordert werden, daß die staatliche Verfügungsgewalt durch zuständige Organe unter Beobachtung der wesentlichen Formen begründet wurde, mit andern Worten im wesentlichen Wiederherstellung der Fassung des entsprechenden § 106 des preußischen StGB. Die entgegengesetzte Ansicht führt für das Konkurrenzverhältnis der §§ 133, 137 StGB. (140, 142 Vorentwurf) zu den größten Schwierigkeiten; vgl. Rg.Entsch. *XXVIII. 383.* Für die Gestaltung des § 142 Vorentwurf wird dagegen die Sanktionierung der Auslegung des § 137 StGB. durch das Reichsgericht und die herrschende Lehre befürwortet mit der Maßgabe, daß das Vorliegen wirklich formaler Voraussetzungen (wie z. B. des Gewahrsams des Exequenden) nie durch die Entschuldbarkeit ihrer irrigen Annahme durch den Beamten ersetzbar ist; vgl. dazu oben S. 50 und meine daselbst zitierte Schrift. Ähnlich wie der Text bereits für alle drei Paragraphen Merkel, *Vergl. Darst. Bes. T. II. 356, 357, 360, 361, 363.*

[3]) Die Aufnahme ist hier noch einfacher zu bewerkstelligen als oben S. 52 bei § 126 Vorentwurf. Nämlich in § 140: „Wer Schriftstücke oder andere Sachen, die von den zuständigen Behörden oder Beamten unter

Dagegen ist in keinem der §§ 140—142, sowenig wie in § 126 Vorentwurf, erforderlich, daß die Begründung der staatlichen Verfügungsgewalt materiell gerechtfertigt war; ebensowenig, daß wenigstens der betreffende Beamte sie zufolge entschuldbaren Tatirrtums für materiell gerechtfertigt hielt[1]). Es wäre aber auch hier, wie in § 126 Vorentwurf[2]), wünschenswert, wenigstens in den §§ 141, 142 zu statuieren, daß, wenn die amtliche Siegelung, Pfändung oder Beschlagnahme in der Sache ungerechtfertigt war, in besonders leichten Fällen (§ 83 Vorentwurf) von Strafe überhaupt abgesehen werden könne.

Im einzelnen ist zu den §§ 140—142 Vorentwurf noch zu bemerken:

§ 140 Vorentwurf. Zutreffend ist in § 140 Vorentwurf[3]), im Gegensatz zu § 133 StGB., als deliktizische Gattungshandlung das „Entziehen der amtlichen Verfügung" genannt[4]); „Zerstören" und „Beschädigen" werden nur beispielsweise als die hauptsächlichsten Begehungsarten aufgeführt; das unnötigerweise auf eine Ortsveränderung hindeutende „Beiseiteschaffen" ist gestrichen. Mit Recht vermeidet der Vorentwurf, als Deliktsobjekte „Urkunden" zu nennen, als ob es sich hier um den spezifischen Urkundenbegriff handle, wie ihn die „Urkundenfälschung" voraussetzt; nur von „Schriftstücken oder anderen Sachen" wird gesprochen. Das ungenaue „welche . . . amtlich übergeben worden sind" ist durch das treffende „die amtlich . . . einem Dritten in Verwahrung gegeben sind" ersetzt. Auch daß es auf den Verwahrungsort nicht mehr ankommen soll,

---

Beobachtung der wesentlichen Formen amtlich in Verwahrung genommen . . . sind", usw.; in § 141: „Wer ein amtliches Siegel, das von einem zuständigen Beamten unter Beobachtung der wesentlichen Formen angelegt ist," usw.; in § 142: „Wer Sachen, welche durch die zuständigen Behörden oder Beamten unter Beobachtung der wesentlichen Formen gepfändet . . . sind", usw.

[1]) Anders wohl das Reichsgericht für die Pfändungsvoraussetzung der Pfändbarkeit der gepfändeten Gegenstände, ja anscheinend sogar des Eigentums des Exequenden an ihnen (vgl. die oben S. 90 zitierten Entscheidungen), entsprechend seiner Auslegung des § 113 StGB.; vgl. dazu oben S. 50 und meine daselbst zitierte Schrift, Rechtsgrund usw. der staatlichen Entschädigungspflicht usw., unter III. daselbst. Über die Trennung der formalen und materiellen Pfändungsvoraussetzungen und ihre Bedeutung vgl. auch W. Müller, Die Wirksamkeit des Pfändungspfandrechts, 1907 (dem ich freilich nicht in allen Einzelheiten zu folgen vermag).

[2]) Vgl. oben S. 53 bei Anm. 1.

[3]) Im *Sch.* wie im *OVE.* fehlt, soviel ich sehe, eine entsprechende Strafdrohung überhaupt.

[4]) Vgl. auch Merkel, *Vergl. Darst. Bes. T. II. 398.*

ist zu billigen, sofern nur statt dessen die Zuständigkeit der in Verwahrung nehmenden oder gebenden Behörde und die Beobachtung der wesentlichen Formen verlangt wird[1]).

Der Schärfungsgrund des § 133 Abs. 2 StGB. ist in der Fassung dem allgemeinen Schärfungsgrund des § 36 Vorentwurf angepaßt und damit gleichzeitig die sich an ihn knüpfende Kontroverse[2]) richtig entschieden[3]). Eine andere Frage ist, ob nicht § 133 Abs. 2 StGB. einfach hätte gestrichen werden können. Für die Bejahung dieser Frage spricht, daß schon im Grundfall des § 140 Vorentwurf Freiheitsstrafe bis zu zwei Jahren angedroht ist, die Begr. S. 498 aber selbst anführt, daß dieser Strafrahmen in der Praxis auch im Fall des § 133 Abs. 2 fast nie überschritten worden sei, und daß außerdem der im Falle einer verhängten Freiheitsstrafe anwendbare[4]) § 36 Vorentwurf gestattet, die Gewinnsucht wirksam zu bekämpfen[5]). Im übrigen sind die Strafrahmen des § 133 StGB. in § 140 erheblich herabgesetzt[6]).

§ 141 Vorentwurf.

§ 141 Vorentwurf hat an § 136 StGB. verschiedene Fassungsänderungen vorgenommen. Dieselben sind zu billigen[7]), insbesondere auch die, daß durch Bedrohung des „Unwirksammachens“ des amtlichen Siegelverschlusses klar gestellt wird, daß z. B. auch das Einsteigen in ein an der Tür versiegeltes Zimmer durch das Fenster unter das Gesetz fällt (Begr. S. 498; übereinstimmend Art. 208 *SchVE.*). Nur hätte nunmehr neben dem „Unwirksammachen“ das „Aufheben“ aus § 136 StGB. nicht mehr aufgeführt zu werden brauchen (so auch Art. 208 *SchVE.*). Nicht zu billigen ist dagegen, daß das „Unwirksammachen“ durch Hinzufügen der Worte „auf andere Weise“ zu einer Gattungshandlung des „Ablösens“ und „Beschädigens“ erhoben ist. Wach[8]), dem der *DVE.* hier folgt (Begr. S. 498 Note 6), kann hier nicht zugestimmt werden; denn

---

1) Vgl. oben S. 91 Anm. 3.

2) Vgl. Merkel, a. a. O. S. 370 Note 3.

3) Begr. S. 498, insbes. Note 2 das. u. S. 130.

4) Begr. S. 498 Note 2.

5) Ebenso denn auch Merkel, a. a. O. S. 400.

6) Statt Gefängnis, bzw. Gefängnis nicht unter drei Monaten: Gefängnis oder Haft bis zu zwei Jahren oder Geldstrafe bis zu 3000 M, bzw. Gefängnis nicht unter einem Monat. Die Begrenzung des Maximums der Freiheitsstrafe auf zwei Jahre im Grundfall motiviert die Begr. S. 498 wiederum, wie schon im Text hervorgehoben, mit der statistisch festgestellten Seltenheit höherer Gefängnisstrafen; hierzu vgl. die Bemerkung oben S. 79 Anm. 1.

7) Vgl. dazu oben S. 90 Anm. 4.

8) *Vergl. Darst. Allg. T. VI. 66, 67.*

es kann ein amtlich angelegtes Siegel böswillig oder mutwillig auch „beschädigt" werden, ohne daß dadurch der Verschluß „aufgehoben oder unwirksam" gemacht wird[1]). So führen denn auch sowohl Art. 208 *Sch.*, als auch § 201 Ziff. 2 *OVE.* (entsprechend § 136 StGB.) das „Unwirksammachen", bzw. „Aufheben" des amtlichen Verschlusses koordiniert neben dem „Erbrechen" und „Entfernen", bzw. dem „Beschädigen" und „Beseitigen" auf.

Zu erwägen wäre, ob nicht der *DVE.*, gleich § 201 Ziff. 2 *OVE.*[2]), den Strafschutz neben den „Siegeln" auch „anderen Zeichen einer Pfändung, Beschlagnahme oder eines amtlichen Verschlusses" angedeihen lassen könnte.

Zu billigen ist die Zulassung von Haft und Geldstrafe[3]) in § 141 Vorentwurf.

§ 142 Vorentwurf. § 142 Vorentwurf gibt den § 137 StGB. im wesentlichen unverändert wieder[4]). Daß neben der deliktizischen Gattungshandlung „Entziehen der Verstrickung", wie in § 137 StGB., das „Zerstören" und „Beiseiteschaffen" aufgeführt werden, möchte ich nicht billigen. Ich kann nicht finden, daß im Fall des § 142 die „Anschaulichkeit" (so Begr. S. 499) dadurch gewinnt, um so weniger, als der Vorentwurf in § 140 gerade das „Beiseiteschaffen" als irreführend gestrichen hat. So sagt denn auch der *SchVE.* Art. 207 einfach: „Wer eine Sache, die amtlich mit Beschlag belegt ist, der amtlichen Gewalt entzieht"[5]).

„Forderungen" sollen nach wie vor (RG. Entsch. *XXIV. 40ff.*) untaugliche Objekte des Pfandbruchs bleiben (Begr. S. 499). Dem ist zuzustimmen[6]). § 142 Vorentwurf ist, wie § 137 StGB., nicht dazu bestimmt, Privatinteressen der Gläubiger zu schützen, — das ist vielmehr die Aufgabe des § 293 Vorentwurf (= § 288 StGB.)[7])

---

[1]) Anders die Sachlage in §§ 140, 142 Vorentwurf.

[2]) Vgl. auch schon Merkel, a. a. O. S. 399.

[3]) Die Zulassung von Geldstrafe im Fall des § 136 StGB. nimmt bereits der zurzeit dem Reichstage vorliegende Entwurf einer Strafgesetznovelle in Aussicht.

[4]) Vgl. dazu oben S. 90 zu Anm. 3.

[5]) Noch weniger als die Fassung der § 142 *DVE.* ist die des § 201 Ziff. 1 *OVE.* zu billigen, der Vereitelung der Beschlagnahme nur straft, wenn sie durch Beschädigung, Zerstörung oder Beiseiteschaffung erfolgt ist.

[6]) And. Ans. im Ergebnis de lege ferenda Merkel, a. a. O. S. 401.

[7]) Im Sinne des § 288 StGB. ist bekanntlich eine „drohende" Zwangsvollstreckung auch eine bereits begonnene; RG. Entsch. *XVII. 42, XXXV. 62.* Es wäre wünschenswert, dies bei der Neufassung des § 288 StGB. in § 293 Vorentwurf klargestellt zu sehen. Wenn Merkel, a. a. O. S. 401 Note 1,

und der Strafbestimmungen der Konkursordnung —; vielmehr soll er der als solcher manifestierten staatlichen Verfügungsgewalt Achtung verschaffen (RG. Entsch. *XXIV. 52*). Aus demselben Grunde wäre es wünschenswert gewesen, wenn § 142 Vorentwurf die sich an § 137 StGB. knüpfende Streitfrage, ob und inwieweit ein gerichtlicher Beschlagnahmebeschluß schon eine Beschlagnahme im Sinne des Pfandbruchsparagraphen darstelle (vgl. RG. Entsch. *I. 287, 368, XIV. 286, XX. 244, XXIV. 10, XLI. 256*)[1]), entschieden hätte[2]), und zwar verneinend[3]). Dies würde sich durch Einfügung der Worte „in äußerlich erkennbarer Weise“ leicht bewerkstelligen lassen[4]). Damit würde einerseits die Praxis des RG. zu § 137 (Entsch. *XX. 247, XXIV. 10*) sanktioniert, andererseits allerdings entgegen der bisherigen Praxis des RG. zu § 137 StGB. (Entsch *I. 368, XIV. 286, XLI. 256*) die bloße Zustellung des Zwangsversteigerungsbeschlusses (§ 22 Abs. 1 des Zwangsversteigerungsges. v. 24. März 1897) so wenig als Beschlagnahme im Sinne des Pfandbruchsparagraphen anerkannt, wie die bloße Konkurseröffnung. Vielmehr müßten in diesem Falle hinzugekommen sein die Inbesitznahme der Masse durch den Konkursverwalter (KO. § 117)[5]), in jenem Falle entsprechende gerichtliche Maßregeln

sich dagegen wendet, daß Binding, Lehrb. *Bes. T. II. 2, 610* Note 5, vorschlage, Pfandbruch (§ 137 StGB.) und Vollstreckungsvereitelung (§ 288 StGB.) zusammenzufassen, so scheint er Binding, a. a. O., mißverstanden zu haben.

[1]) Vgl. dazu besonders Binding, Lehrb. *Bes. T. II. 2, 609 ff.*; Merkel, *Vergl. Darst. Bes. T. II. 361.*

[2]) Der Vorentwurf scheint die Entscheidung wiederum — vgl. oben S. 90 — als über seine Kompetenz hinausgehend angesehen zu haben (Begr. S. 499); es gilt aber auch hier wieder das oben S. 90 Gesagte.

[3]) And. Ans. im Ergebnis de lege ferenda Merkel, a. a. O. S. 401. Treffend verlangt Binding, a. a. O. S. 610, die Beschlagnahme müsse, gleich einer Blockade, „effektiv“ sein.

[4]) Unter Berücksichtigung der oben S. 91 Anm. 3 beantragten Änderung wird danach vorgeschlagen, § 142 Vorentwurf wie folgt zu fassen: „Wer Sachen, welche durch die zuständigen Behörden oder Beamten unter Beobachtung der wesentlichen Formen in äußerlich erkennbarer Weise gepfändet oder sonst in Beschlag genommen sind, der Verstrickung entzieht“, usw.

[5]) Binding, Lehrb. *Bes. T. II. 2, 615*, und Kohler, Lehrb. d. Konkursrechts S. 545 Note 1, wollen auch nach Inbesitznahme der Masse durch den Verwalter der Konkursbeschlagnahme nicht den Schutz des § 137 StGB. zugestehen, weil der Konkursverwalter kein Staatsorgan, sein Besitz also keine „staatliche Verfügungsgewalt“ sei. Aber dann dürfte Binding auch der Inbesitznahme des Grundstücks durch einen Zwangsverwalter nicht die

gemäß § 25 Zwangsversteigerungsges. Für den Gläubigerschutz muß im übrigen wiederum auf § 293 Vorentwurf (= § 288 StGB.) und die Strafbestimmungen der Konkursordnung verwiesen werden. Die Strafsanktion des § 142 Vorentwurf (= § 137 StGB.) ist nicht berufen, die Gläubiger zu schützen.

Zu begrüßen ist die Zulassung von Haft[1]) und Geldstrafe[2]) im § 142 Vorentwurf.

§ 143 Vorentwurf. § 143 Vorentwurf[3]) unterscheidet sich von seinem Vorbild, dem § 134 StGB., außer durch einige vereinfachende und klärende Fassungsänderungen und Anpassung der Strafdrohung an die Strafdrohungsgrundsätze des Vorentwurfs, durch Ausdehnung des Strafschutzes auf öffentlich „ausgelegte" amtliche Bekanntmachungen[4]) und durch Bedrohung des „Unkenntlichmachens". Beides ist zu billigen, wenngleich der *SchVE.* (v. 1908 A. 283) das „Verdecken" des *SchVE.* v. 1903 A. 260, in Anlehnung an welches der *DVE.* das „Unkenntlichmachen" bedroht (Begr. S. 500)[5]), wieder gestrichen hat[6]).

Bedeutung einer Beschlagnahme im Sinne des § 137 StGB. zugestehen, was er anscheinend (a. a. O. S. 611 Note 2) tut. Denn Zwangsverwalter und Konkursverwalter haben grundsätzlich die gleiche Stellung. Tatsächlich gilt doch auch im Falle des § 140 Vorentwurf (= § 133 StGB.) als „staatliche Verfügungsgewalt" die Verwahrung durch einen „Dritten", dem die Sache „amtlich in Verwahrung gegeben" worden ist. Insofern zutreffend RG.Entsch. in Strafs. *I. 287, XIV. 290.* Übrigens läßt Binding, a. a. O. S. 612, als Beschlagnahme im Sinne des § 137 StGB. sogar schon die Beschlagnahme des § 22 Zwangsversteigerungsgesetz genügen, obgleich dies seiner mit der des Textes übereinstimmenden prinzipiellen Auffassung zuwiderläuft.

[1]) Vgl. aber oben S. 89 Anm. 2.

[2]) Die Zulassung von Geldstrafe im Fall des § 137 StGB. nimmt bereits der zurzeit dem Reichstage vorliegende Entwurf einer Strafgesetznovelle in Aussicht.

[3]) Vgl. über denselben bereits oben S. 43 Anm. 1, S. 62 Anm. 2. Im *Sch.* (Art. 283) und *OVE.* (§ 457) ist der entsprechende Tatbestand eine bloße Übertretung.

[4]) Vorschlag Kleinfellers, *Vergl. Darst. Bes. T. II. 302, 303.*

[5]) Vgl. auch Kleinfeller, a. a. O. S. 303.

[6]) Wohl zu eng *OVE.* § 457, der zur Strafbarkeit verlangt, daß das „Beschädigen" oder „Beseitigen" geschah, „um" die Verlautbarung zu hindern. Eher verdiente umgekehrt Erwägung Kleinfellers Vorschlag, a. a. O., die Strafbarkeit, analog § 144 Vorentwurf (§ 135 StGB.) auf „Verübung beschimpfenden Unfugs" an der amtlichen Bekanntmachung auszudehnen.

§ 144 Vorentwurf[1]) verbessert die Fassung des entsprechenden § 135 StGB. wesentlich. Die unklare Unterscheidung von „Autoritäts-“ und „Hoheitszeichen“ ist durch Streichung des ersten Begriffs beseitigt[2]). Ausdrücklich wird, in Übereinstimmung mit dem entsprechenden § 166 *OVE.*[3]), verlangt, daß die Hoheitszeichen „öffentlich angebracht“ sein müssen[4]). Statt „wegnimmt, zerstört oder beschädigt“ ist gesagt: „beseitigt, beschädigt oder unkenntlich macht“. *§ 144 Vorentwurf.*

Der Strafrahmen ist im ganzen nicht unerheblich herabgesetzt[5]).

Den § 144 StGB. hat der Vorentwurf mit Recht gestrichen, da er durch § 45 Abs. 2 des Gesetzes vom 9. Juni 1897 über das Auswanderungswesen entbehrlich geworden ist (Begr. S. 500). Statt dessen hat er als § 145 einen Tatbestand eingestellt, den er „Auswanderungsbetrug“ nennt, und wo die Verleitung eines Deutschen zur Auswanderung durch arglistige Täuschung in gewinnsüchtiger Absicht mit Strafe bedroht ist. *§ 145 Vorentwurf.*

Es soll nicht in Abrede gestellt werden, daß eine dem § 145 Vorentwurf entsprechende Strafdrohung Bedürfnis ist[6]). Aber an die Stelle, wo § 145 Vorentwurf steht, gehört sie nicht hin. Wurde § 145 gestrichen, weil er durch § 45 Abs. 2 des Auswanderungsgesetzes gedeckt sei, und wurde, konsequent dem Prinzip des Vorentwurfs, die strafrechtlichen Nebengesetze nicht einzuarbeiten, dieser § 45 des Auswanderungsgesetzes so wenig, wie dessen übrigen Strafbestimmungen — darunter der doch nicht nur das Auswanderungs**gewerbe** betreffende § 48[7]) —, in den Vorentwurf aufgenommen, so durfte auch eine für notwendig erachtete **neue** das Auswanderungswesen betreffende Strafbestimmung nicht in den Vorentwurf eingestellt werden. Vielmehr war es einer, etwa im Einführungsgesetze zum neuen StGB. vorzusehenden Novelle zum Auswanderungsgesetze vorzubehalten, die für notwendig erachtete neue Strafdrohung zu bringen. Daß zufällig an der Stelle des neuen § 145 Vorentwurf eine Bestimmung gestanden hatte, die **auch** das Auswanderungswesen betraf (§ 144 StGB.), war kein

[1]) Vgl. bereits über diesen oben S. 43 zu Anm. 1, S. 65 Anm. 2.

[2]) So auch Kleinfeller, a. a. O. 310.

[3]) Im *SchVE.* fehlt, soviel ich sehe, ein entsprechender Artikel.

[4]) Begr. S. 500; anders Kleinfeller, a. a. O.

[5]) Statt Geldstrafe bis zu 600 M oder Gefängnis bis zu zwei Jahren: Geldstrafe bis zu 1000 M oder Haft oder Gefängnis bis zu einem Jahr.

[6]) Vgl. auch Gerland, *Vgl. Darst. Bes. T. II. 482 ff.*; noch weitergehend § 393 Ziff. 2 *OVE.*

[7]) Begr. S. 696, 697.

ausreichender Grund, die neue Bestimmung an den alten Platz zu stellen.

Leider ist das bei § 145 Vorentwurf beobachtete Verfahren typisch für die prinzipiell vom Vorentwurf zu den strafrechtlichen Nebengesetzen eingenommene Stellung. Der Vorentwurf hat nicht etwa nur diejenigen strafrechtlichen Nebengesetze außerhalb seines Bereichs gelassen, die wirklich mit außerstrafrechtlichen Bestimmungen eng zusammenhängende Spezialmaterien betreffen[1]), was zur Folge gehabt hätte, daß umgekehrt alle solchen Materien zuzuzählenden, bisher im StGB. stehenden Bestimmungen aus dem Vorentwurf hätten entfernt werden müssen. Vielmehr hat der Vorentwurf im großen und ganzen einfach jeden Paragraphen da stehen lassen, „wo der Zufall der Geburt ihn hingeworfen".

Daß dies Verfahren nicht nur technische Gesetzesmängel, sondern auch sachliche Unstimmigkeiten aufrecht erhält, zeigt der neue § 145 Vorentwurf. § 144 StGB. schützte nur Deutsche. Der ihn ersetzende § 45 Abs. 2 Auswanderungsgesetz schützt, wie alle Bestimmungen dieses Gesetzes, alle aus Deutschland Auswandernden. Mit gutem Grunde empfahl also Gerland[2]), der bereits eine Strafdrohung gegen „Auswanderungsbetrug" befürwortet hatte, das neue Delikt als ein solches gegen den Einzelnen zu gestalten, wobei es dann gleichgültig sei, ob ein In- oder Ausländer verletzt werde, sofern es sich nur um Auswanderung aus Deutschland handle[3]). § 145 Vorentwurf schützt trotzdem wiederum „Deutsche", m. E. ohne inneren Grund, nachdem der an die Stelle des § 144 StGB. tretende § 45 Abs. 2 Auswanderungsgesetz diese Beschränkung fallen gelassen hat.

Nach alledem ist entweder § 145 Vorentwurf als eine lex fugitiva aus dem Vorentwurf zu streichen, oder es sind — noch besser[4]) — die Strafbestimmungen des Auswanderungsgesetzes, mindestens die von diesem völlig trennbaren §§ 45, 48, in den Vorentwurf einzuarbeiten. Dann gehörte natürlich auch § 145 in den Vorentwurf. Er müßte aber dann mit den Strafbestimmungen

---

[1]) Diesen durchaus zu rechtfertigenden Standpunkt scheint die Begr. S. VI vertreten zu wollen.

[2]) A. a. O. S. 482 ff.

[3]) Vgl. auch § 393 Ziff. 2 *OVE.*

[4]) Das Verhältnis des § 393 *OVE.* zu dem Gesetz vom 21. Januar 1897 (das anscheinend Gerland, a. a. O. S. 478, entgangen ist) ist mir nicht ganz klar.

des Auswanderungsgesetzes in Übereinstimmung gebracht werden[1]) und würde dann jedenfalls nicht in den 7. Abschnitt gehören. Vielmehr wäre er dann entweder mit den übrigen das Auswanderungswesen betreffenden Bestimmungen in einem besonderen Abschnitt zu vereinigen, sei es allein mit jenen, sei es zusammen mit anderen verwandten Vorschriften[2]). Oder aber er könnte in dem 19. Abschnitt („Verbrechen und Vergehen gegen die persönliche Freiheit") Platz finden. Hierher würde er, trotz seiner von der Begr. S. 501 betonten Verwandtschaft mit Betrug und dem Delikt des § 291 Vorentwurf, besser passen als in den 24. („Betrug und Untreue")[3]) oder 27. („Sachbeschädigung und Vermögensbeschädigung") Abschnitt, da die in ihm mit Strafe bedrohte Handlung nicht „gegen das Vermögen" des Verletzten gerichtet ist.

Den § 146 Vorentwurf glaube ich einer Besprechung im einzelnen nicht unterziehen zu sollen. Wie bereits oben[4]) erwähnt, enthält der zurzeit dem Reichstage vorliegende[5]) Entwurf einer Novelle zum StGB. u. a. den Vorschlag der Einstellung eines mit § 146 Vorentwurf dem Tatbestande nach wörtlich übereinstimmenden § 145b. Auch der Strafdrohung nach stimmt dieser § 145b jedenfalls insoweit mit § 146 Vorentwurf überein, als er, im Gegensatz zu § 360 Ziff. 13 StGB.[6]), die Tierquälerei zum „Vergehen" erhebt[7]). Da danach die entscheidenden beiden Neuerungen, die § 146 Vorentwurf im Gegensatz zum geltenden Recht (§ 360 Ziff. 13 StGB.) bringt, bereits zurzeit der Prüfung des Reichstags unterliegen, und dessen Entscheidung wahrscheinlich für die definitive Herstellung des Entwurfs eines neuen deutschen StGB. in diesem Punkte maßgebend sein wird, erübrigt eine Stellungnahme zu § 146 Vorentwurf. *§ 146 Vorentwurf*

Der letzte Paragraph des 7. Abschnitts reproduziert den durch Art. 34 IV EG. z. BGB. in das StGB. eingestellten § 145a, *§ 147 Vorentwurf.*

---

1) Das müßte er mindestens auch dann, wenn den übrigen von mir gemachten Vorschlägen nicht gefolgt werden sollte.

2) So steht § 393 *OVE.* in dem XXX. Hauptstück: „Strafbare Handlungen gegen die wirtschaftliche Ordnung."

3) So Gerland, a. a. O. S. 483.

4) S. 63, wo aber über die systematische Stellung des § 146 gehandelt wird.

5) Dem Reichstage vorgelegt am 23. November 1909.

6) Übrigens auch zu Art. 280 *Sch.*, § 478 Ziff. 1 *OVE.*

7) Der projektierte § 145b droht Gefängnis bis zu drei Monaten oder Geldstrafe bis zu 600 M, § 146 Vorentwurf Gefängnis oder Haft bis zu sechs Monaten oder Geldstrafe bis zu 1000 M an.

bringt aber dessen Tatbestand mit der zugrunde liegenden Verbotsnorm des § 795 Abs. 1 BGB. in Übereinstimmung[1]). Außerdem wird der Mindestbetrag der angedrohten Geldstrafe, mit Rücksicht nicht nur auf den gesunkenen Geldwert, sondern auch auf § 1 Abs. 3 Vorentwurf, von drei auf fünfhundert Mark erhöht. Unbeachtet geblieben ist, daß damit gleichzeitig zufolge § 58 Abs. 2 Vorentwurf der fahrlässigen Begehung des Delikts[2]) Straflosigkeit gesichert wird.

§ 147 Vorentwurf ist eigentlich eine lex fugitiva so gut wie § 145 Vorentwurf. Wenn ganz analoge Strafdrohungen, wie § 6 des Gesetzes betr. Inhaberpapiere mit Prämien vom 8. Juni 1871, § 55 des Bankgesetzes, § 314 Ziff. 4 und 5 HGB., wegen ihrer Spezialnatur und wegen ihres Zusammenhanges mit den zugrunde liegenden Normen außerhalb des StGB. geblieben sind, so ist nicht einzusehen, was § 147 Vorentwurf (§ 145a StGB.) in demselben zu suchen hat. Man hat ihn offenbar nur deshalb in das StGB. und infolgedessen nunmehr in den Vorentwurf aufgenommen, weil man ihn nicht gut in das „Bürgerliche Gesetzbuch" setzen konnte, in welchem die Norm steht, auf der er beruht. Es sollte aber der — ich möchte geradezu sagen — günstige Zufall, der es in diesem Falle unmöglich macht, die Strafsanktion in das Gesetz zu stellen, welchem die Norm angehört, den Anlaß geben, auch andere ganz entsprechende Strafvorschriften in den Vorentwurf einzuarbeiten.

IV. Vergehen gegen die Wehrpflicht, das Heer und die Marine.

Der so überschriebene 8. Abschnitt des Vorentwurfs, dessen systematische Stellung (in Buch II statt in Buch I) bereits oben unter I erörtert worden ist, ist aus den §§ 112, 140—143, 291 StGB. neu gebildet worden.

Die Neubildung berechtigte zu der Erwartung, daß die brennendste Streitfrage, die sich an die hier zusammengefaßte Materie knüpft, in befriedigender Weise im Vorentwurf entschieden sei. Diese Streitfrage ist: Sind Zivilpersonen wegen Teilnahme an rein militärischen Delikten strafbar? Die Erwartung wird aber

[1]) Diese fehlte bisher; vgl. Olshausen, Note 3a zu § 145a; Begr. S. 503.

[2]) Vgl. darüber de lege lata Olshausen, Note 5 zu § 145a.

leider enttäuscht. Die Zusammenfassung jener Delikte in einem Abschnitt ist eine rein äußerliche, ebenso, wie die Rubrizierung eines Abschnitts in Buch I oder II[1]), wie die Umstellung der §§ 110, 111 StGB.[2]), von bloß stoffanordnender Bedeutung.

Es bleibt also alles, wie es war. Ja, eine beiläufige Bemerkung der Begr. zu § 150 Vorentwurf (S. 506), Anstiftung und Beihilfe zur Fahnenflucht „würden auch ohne die ausdrückliche Bestimmung des § 150 nach allgemeinen Grundsätzen strafbar sein", es solle durch ihre Erhebung zu selbständigen Vergehen „nur die Anwendung der Grundsätze von der Bestrafung der Teilnahme ausgeschlossen" werden, läßt darauf schließen, daß die Begr. den Standpunkt des Reichsgerichts teilt, welches (Entsch. *XXV. 234, XXVII. 159, XXXVIII. 418*) die Teilnahme von Zivilpersonen an rein militärischen Delikten wegen der allgemeinen Fassung der §§ 2 MilStGB., 48, 49 StGB. für strafbar hält.

Dieser Standpunkt ist aber schon de lege lata unhaltbar, und zwar aus den von v. Koppmann[3]) überzeugend ausgeführten Gründen. Ausschlaggebend ist nicht nur die historische Entwickelung[4]), die auf disziplinären Rücksichten beruhende Eigenart des MilStGB., die es als auf Zivilpersonen unanwendbar erscheinen läßt, die Existenz der §§ 112, 141, 142 Abs. 2, 143 Abs. 2 StGB., die Unanwendbarkeit der militärischen Arreststrafe auf Zivilpersonen, welche durch ihre Umsetzung in Haft (so RGEntsch. *XV. 402, XXVII. 160*) nicht ausgeglichen werden kann, — sondern ausschlaggebend ist vor allem die Tatsache, daß Zivilpersonen in Friedenszeiten dem MilStGB. nicht unterliegen (vgl. insbes. die Überschrift von MilStGB. Teil II Titel 3). Wenn das Reichsgericht (Entsch. *XXXVIII. 418*) diese letztere Tatsache zugibt, aber behauptet, die Strafbarkeit der Zivilpersonen wegen Teilnahme an rein militärischen Delikten gründe sich auf §§ 48, 49 StGB., so genügt zur Wiederlegung dieser Deduktion ein Hinweis auf das vom RG. (Entsch. *XXV. 234*) bestätigte Strafkammer[5])-Erkenntnis,

[1]) Vgl. oben S. 41.

[2]) Vgl. oben S. 65 Anm. 6.

[3]) Vgl. v. Koppmann-Weigel, Komment. z. MilStGB., 3. Aufl., Note 9 A zu Teil I Abschnitt 4; ebenso F. Koppmann, Die Teilnahme von Zivilpersonen an militärischen Delikten, 1903; M. E. Mayer, *Vergl. Darst. Bes. T. I. 392, 393.* Die meisten Schriftsteller, darunter Weigel (Komment. Note 9 B a. a. O.) haben sich dem Reichsgericht angeschlossen.

[4]) Vgl. insbes. §§ 1 preuß. MilStGB. v. 1845, 1 des der Immediatkommission vorgelegten Entw. z. RMStGB. (v. Koppmann-Weigel a. a. O.).

[5]) Die Unzuständigkeit (GVG. §§ 73, 80) war nicht gerügt.

welches den Angeklagten wegen Anstiftung zum tätlichen Vergreifen an einem Vorgesetzten mit einem gefährlichen Werkzeug aus §§ 48 StGB., 97 Abs. 1 S. 2 MilStGB. zu dem Strafminimum von fünf Jahren Gefängnis[1]) verurteilt hatte[2]).

Wird diese Praxis des RG. de lege ferenda stillschweigend oder gar ausdrücklich sanktioniert, so wäre das zu beklagen[3]). Standen doch das preuß. MilStGB. und die Reichsregierung bei Beratung des RMilStGB. auf durchaus entgegengesetztem Standpunkt[4]), und wird doch dieser entgegengesetzte Standpunkt nunmehr zum Ausdruck gebracht nicht nur anscheinend vom *Sch.* (Art. 206), sondern vor allem vom *OVE.* Letzterer enthält ein besonderes VIII. Hauptstück: „Beteiligung an militärischen Verbrechen und unbefugte Werbung." Dieses setzt sich, außer einem das letztgenannte Delikt behandelnden § 134, zusammen aus zwei Paragraphen: § 132 „Anstiftung und Beihilfe zu militärischen Verbrechen" und § 133 „Begünstigung eines Deserteurs". Damit kommt unzweideutig zum Ausdruck, daß in gewöhnlichen Zeiten die Teilnahme von Zivilpersonen an rein militärischen Delikten und auch deren Begünstigung durch Zivilpersonen[5]) nur auf Grund dieser Paragraphen des Bürg. StGB. zu ahnden ist.

Folgte der deutsche Vorentwurf den genannten Vorbildern, so würde er dabei gesetzestechnisch und sachlich am besten in folgender Weise verfahren: Einmal wäre in dem (noch zu entwerfenden) EG. zum Vorentwurf die Einstellung eines Paragraphen in die

---

[1]) Abgesehen von der zur Wahl stehenden Festungshaft von gleicher Dauer.

[2]) Nicht gleich große Bedenken bestehen gegen Bestrafung von Zivilpersonen wegen Begünstigung (StGB. § 257) rein militärischer Verbrechen und Vergehen (RG. Entsch. *VI. 7, XV. 396*), insbesondere nicht nach Vorentwurf §§ 172, 280, der die Strafdrohung gegen „Strafvereitelung" und „Begünstigung" unabhängig von der des Vordelikts stellt. Der *OVE.* § 133 — vgl. sofort unten im Text — enthält eine besondere Strafdrohung gegen „Begünstigung eines Deserteurs"; gegen sie Heimberger, *Vergl. Darst. Bes. T. II. 468.*

[3]) Die Anwendung der Strafdrohung des § 97 MilStGB. gegen Zivilpersonen würde de lege ferenda zu dem Widersinn führen, daß für eine Zivilperson das Strafminimum bei Anstiftung eines Soldaten zu Tätlichkeiten gegen einen Vorgesetzten, alles in allem genommen, höher wäre, als wenn ihr selbst Tätlichkeiten gegen den Kaiser zur Last fielen (Vorentwurf § 115)! Übrigens ist das Delikt des § 97 MilStGB. meines Erachtens (and. freilich RG. *XXV. 236*) überhaupt ein sog. militärisch qualifiziertes, welches von einer Zivilperson schon wegen § 50 StGB. (§ 80 Vorentwurf) nicht begehbar ist.

[4]) Vgl. v. Koppmann-Weigel, a. a. O.

[5]) Vgl. oben Anm. 2.

„Einleitenden Bestimmungen" des MilStGB. vorzusehen, der, gleich § 1 preuß. MilStGB. von 1845 und § 1 des der Immediatkommission vorgelegten Entwurfs zum RMilStGB., ausdrücklich bestimmte, daß das MilStGB. auf Zivilpersonen nur in den im 3. Titel des II. Teils genannten Fällen Anwendung finde. (Denkbar wäre die Aufnahme einer solchen Bestimmung auch als Abs. 2 § 9 Vorentwurf.) Sodann wäre im 8. Abschnitt des Vorentwurfs eine die §§ 148, 150 zusammenziehende, Art. 206 *Sch.*, § 132 *OVE.* entsprechende Bestimmung einzustellen, etwa folgenden Wortlauts:

„Aufreizung und Beihilfe zur Verletzung der militärisch. Dienstpflicht".

„Wer eine Person des Soldatenstandes zur Verletzung einer Dienstpflicht auffordert oder aufreizt, oder ihr dazu Hilfe leistet, oder wer Angehörige des Landsturms auffordert oder aufreizt, der Einberufung zum Dienste nicht zu folgen, wird mit Gefängnis oder Haft bis zu zwei Jahren, und, wenn die Tat in Zeiten des Krieges, Kriegszustandes oder der Kriegsgefahr begangen, oder die Aufforderung oder Aufreizung an mehrere gerichtet worden ist, mit Gefängnis nicht unter drei Monaten[1]) bestraft. Der Versuch ist strafbar."

Diese Bestimmung würde gleichzeitig alle Lücken ausfüllen, die sich etwa[2]) durch Verzicht auf die Bestrafung von Zivilpersonen wegen Teilnahme an rein militärischen Delikten nach dem MilStGB. ergeben könnten (vgl. z. B. RGEntsch. *XXVII. 158*, *XXXVIII. 417*). Die Rechtfertigung der vorgeschlagenen Bestimmung wird zweckmäßig verbunden mit der Besprechung der §§ 148, 150 Vorentwurf, welche in ihr aufgehen.

§ 148 Vorentwurf.

§ 148 Vorentwurf gibt den § 112 StGB., abgesehen von Fassungsänderungen[3]) und Anpassung der Strafdrohung an das System des Vorentwurfs, unverändert wieder. Die Vorschläge M. E. Mayers[4]), welche auf eine Reform, im wesentlichen auf eine Erweiterung des § 112 StGB. abzielten, hat der Vorentwurf nicht berücksichtigt. Gerade von dem diesseitigen Standpunkt, de lege ferenda die Teilnahme von Zivilpersonen an rein militärischen Delikten

[1]) Mit der Maßgabe, daß nach meiner prinzipiellen Auffassung — vgl. oben S. 46 Anm. 1 — das angedrohte Gefängnismaximum nicht zwei Jahre übersteigen dürfte. Sollte Bedürfnis sein, in maximo höhere Freiheitsstrafe anzudrohen, so dürfte diese nicht mehr Gefängnis sein; vgl. schon oben S. 68 Anm. 1.

[2]) v. Koppmann, a. a. O., meint, daß schon die §§ 112, 141—143 StGB. alle Bedürfnisse befriedigten.

[3]) Die wichtigste davon zu erwähnen, war oben S. 41 Gelegenheit.

[4]) *Vergl. Darst. Bes. T. I. 388—391, 429—433.*

auszuschließen, ergibt sich Veranlassung, die Vorschläge M. E. Mayers z. T. zu wiederholen. In der soeben vorgeschlagenen allgemeinen Bestimmung sind sie bereits berücksichtigt. Im einzelnen ist noch zu bemerken:

1. Daß der Vorentwurf nicht nach M. E. Mayers Vorschlag[1]) der Aufreizung von Personen des Soldatenstandes die von Militärbeamten ohne weiteres gleichgestellt hat, vermag ich nicht für unberechtigt zu halten. Das bei dem hier in Frage kommenden Delikt angegriffene Rechtsgut, die militärische Disziplin, begreift in dem ihm eigenen Sinne im wesentlichen nur die Personen des Soldatenstandes. Werden doch die Militärbeamten, wenn sie sich einer Dienstpflichtverletzung schuldig machen, im Frieden überhaupt nicht, im Felde nur in gewissen Beziehungen nach dem MilStGB. beurteilt (§§ 153, 154 MilStGB.). Dagegen ist es richtig, mit M. E. Mayer[2]) und der Strafgesetzvorlage von 1894 als taugliche Objekte der Aufforderung oder Aufreizung, der Einberufung zum Dienste nicht Folge zu leisten, die „Angehörigen des Landsturms" zu nennen, welche keine Heeresangehörigen sind. Da die Personen des Beurlaubtenstandes es umgekehrt sind, bedarf ihre Aufforderung oder Aufreizung, der Einberufung zum Dienste nicht Folge zu leisten, keiner besonderen Hervorhebung im Gesetz.

2. Nicht nur die Aufforderung oder Aufreizung zur Nichtbefolgung eines konkreten Befehls des Vorgesetzten müßte strafbar sein, sondern die zur Verletzung von Dienstpflichten überhaupt. Dieser Vorschlag M. E. Mayers[3]) stimmt nicht nur mit dem Beschlusse der Reichstagskommission zu der Strafgesetzvorlage von 1894 überein[4]), sondern auch mit Art. 206 *Sch.*[5]), 132 *OVE*[6]). Wie in diesen Vorentwürfen würde er im deutschen vor allem jede Lücke schließen, die sich aus dem Verzicht auf die Bestrafung von Zivilpersonen wegen Anstiftung zu rein militärischen Delikten ergeben könnte, da Aufforderung und Aufreizung zusammen jedenfalls die Anstiftung decken.

---

[1]) A. a. O. S. 388.

[2]) A. a. O. S. 389.

[3]) A. a. O. S. 391, 429, 430.

[4]) Vgl M. E. Mayer, S. 432, 433.

[5]) Der allerdings nur „öffentliche" Aufreizung oder die Verleitung zu einer „erheblichen" Dienstpflichtverletzung bedroht; gegen letztere Einschränkung bereits M. E. Mayer, a. a. O. S. 430.

[6]) Der allerdings nur die vollendete oder versuchte Anstiftung zu einer vom MilStGB. „als Verbrechen behandelten Verletzung der Dienstpflicht" bedroht.

Allerdings liegt in dem Erfordernis, daß zur Verletzung einer Dienstpflicht aufgereizt sein muß, im Verhältnis zur Aufreizung zum Ungehorsam gegen irgendeinen Befehl des Vorgesetzten auch eine gewisse Einschränkung. Aber diese Einschränkung, von manchen schon in den § 112 StGB. hineingetragen, rechtfertigt sich durch die Natur der Sache und bringt nur den diesbezüglichen Tatbestand des bürgerlichen Strafgesetzes mit den §§ 92, 99 MilStGB. in Übereinstimmung[1]).

Eine weitere Einengung des Tatbestandes dagegen durch Erfordern der „Absicht, die militärische Zucht und Ordnung zu untergraben", auf seiten des Aufreizenden möchte ich nicht befürworten. Der dahingehende, sich an den Beschluß der Reichstagskommission zur Vorlage von 1894 anschließende Vorschlag M. E. Mayers[2]) hängt innig zusammen mit M. E. Mayers Vorschlag zur Reform der §§ 110, 111 StGB.[3]), der aber vom Vorentwurf § 131 nicht akzeptiert[4]) und am letzten Ende auch diesseits nicht übernommen worden ist[5]). Vor allem aber soll die vorgeschlagene Erweiterung des Tatbestandes des § 112 StGB. die Bestrafung von Zivilpersonen wegen Anstiftung zu rein militärischen Delikten ersetzen. Dieser Zweck würde durch Einschränkung des Tatbestandes in der gedachten Weise vereitelt werden. So findet sich denn auch eine solche Einschränkung weder in Art. 206 *Sch.*, noch in § 132 *OVE.*

3. Die Strafschärfung bei Begehung der Aufforderung oder Aufreizung in Kriegs- usw. Zeiten oder gegenüber mehreren lehnt sich, jene an Ziff. 2 § 132 *OVE.*[6]), diese an § 100 MilStGB.[7]) an und bedarf keiner Rechtfertigung.

4. Endlich ist diesseits auch die Strafbarkeit der **versuchten** Aufforderung oder Aufreizung vorgeschlagen. Darin liegt allerdings eine erhebliche Erweiterung des § 148 Vorentwurf. Sie rechtfertigt sich aber, weil, wie M. E. Mayer[8]) zutreffend ausführt, „Flugblätter u. dgl. die Adressaten oft nicht erreichen", die (voll-

---

[1]) Vgl. darüber M. E. Mayer, a. a. O. S. 390, 391.

[2]) A. a. O. S. 431—433.

[3]) Vgl. oben S. 73 Anm. 2.

[4]) Vgl. oben S. 73 Anm. 4.

[5]) Vgl. oben S. 77, 78.

[6]) Vgl. auch den sofort zu erörternden, in die diesseits vorgeschlagene Bestimmung einbezogenen § 150 *DVE.*

[7]) So auch der Vorschlag M. E. Mayers, a. a. O. S. 389; vgl. ferner Art. 206 Ziff. 1 *SchVE.* (erweiterte Bedrohung der „öffentlichen Aufreizung")

[8]) A. a. O. S. 433 Note 2.

endete) Aufforderung oder Aufreizung aber eine Kenntnisnahme des anderen erfordern[1]). Tatsächlich stehen wohl auch der *Sch.* und *OVE.* auf keinem anderen Standpunkt; denn jener straft direkt die „versuchte Aufreizung“ bzw. „Verleitung“ (Art. 206 in Verbindung mit Art. 22); dieser straft die „versuchte Anstiftung“ (§ 132), damit wohl unter Umständen (vgl. § 14 *OVE.*) Anstiftungshandlungen, die noch nicht zur Kenntnis des anderen gekommen sind[2]).

§ 150 Vorentwurf. § 150 Vorentwurf behandelt von dem Mischtatbestand des § 141 StGB. nur „die Teilnahme an Fahnenflucht“, während die sog. „Falschwerbung“ in § 153 Vorentwurf besonders behandelt wird. Der Tatbestand ist in genaue Übereinstimmung mit den Teilnahmebestimmungen der §§ 78, 79 Vorentwurf gebracht. Unverständlich ist dabei nur, daß das „vorsätzlich“ des § 141 StGB. als selbstverständlich zwar bei dem „anstiftet“, aber nicht bei dem „Hilfe leistet“ weggelassen ist. Selbst wenn es, was kaum anzunehmen, nicht schon wegen § 79 Vorentwurf (der nur vorsätzliche Beihilfe kennt) entbehrlich sein sollte, so ist es jedenfalls entbehrlich wegen § 58 Abs. 2 Vorentwurf[3]). Das Strafmaximum ist, in Beseitigung der auffallenden Ungleichheit zwischen §§ 141 StGB., 78 MilStGB.[4]), auf zwei Jahre herabgesetzt, Haft wahlweise zugelassen. Ebenso ist, entsprechend § 78 MilStGB., die Teilnahme an einer im Felde begangenen Fahnenflucht mit geschärfter Strafe bedroht. In diesem qualifizierten Fall soll zur Strafbarkeit wegen vollendeter Teilnahme bereits Versuch der Fahnenflucht genügen, im einfachen Fall dagegen, entsprechend § 78 MilStGB., zur Vollendung des Teilnahmedelikts auch Vollendung der Fahnenflucht erforderlich sein. Damit wird eine an § 141 StGB. sich knüpfende Streitfrage entschieden[5]). Bei der Strafbarkeit des Versuchs der Teilnahme soll es sein Bewenden haben[6]).

---

[1]) Olshausen, Note 4a zu § 110.

[2]) Vgl. auch den sofort zu erörternden, in die diesseits vorgeschlagene Bestimmung einbezogenen § 150 Abs. 2 *DVE.* Die Motivierung dieses mit „der von manchen Seiten betriebenen antimilitaristischen Propaganda“ durch die Begr. S. 507 motiviert auch den Vorschlag des Textes.

[3]) Über die Beibehaltung des Wortes „deutschen“ in § 150 Vorentwurf vgl. bereits oben unter I S. 41.

[4]) Vgl. schon Heimberger, *Vergl. Darst. Bes. T. II. 443.* Übrigens wird damit auch das gleiche Mißverhältnis zwischen den Strafdrohungen der §§ 141 StGB., 70 MilStGB. beseitigt; vgl. Heimberger, a. a. O.

[5]) Vgl. Heimberger, a. a. O. S. 443.

[6]) Heimberger, a. a. O. S. 467, will umgekehrt die Strafe der vollendeten Teilnahme immer dann eintreten lassen, wenn es auch nur zum Ver-

In der diesseits oben[1]) vorgeschlagenen Bestimmung geht, wie in § 132 *OVE.*[2]), der § 150 *DVE.* restlos auf. Sowohl Teilnahme am Versuch der Fahnenflucht, wie Versuch der Teilnahme sind gedeckt, und zwar fällt jene stets unter die Strafdrohung des vollendeten Delikts[3]). Der Qualifikationsfall ist übernommen und durch Abstellung des Qualifikationsmerkmals nicht auf die Fahnenflucht, sondern auf die Teilnahme, in Anlehnung an § 132 Ziff. 2 *OVE.*, vervollständigt und vertieft. Denn die Begr. S. 506 irrt, wenn sie meint, nach dem ihr als Vorbild dienenden § 78 MilStGB. komme es auf die Begehung der „Fahnenflucht" „im Felde" an. Einer solchen Auslegung steht schon der Wortlaut des § 78 entgegen[4]). Da ihr aber auch der „Zweck" der Vorschrift entgegensteht[5]), ist es unrichtig, daß der Wortlaut des § 150 Vorentwurf jene für § 78 MilStGB. falsche Auslegung sanktioniert. Kommt es danach auf die unter erschwerenden Umständen stattfindende Begehung der Teilnahmehandlung an, so kann, da im Bürg. StGB. als Täter der Teilnahmehandlung nur eine Zivilperson in Betracht kommt, nicht der nur einen Zustand von Militärpersonen bezeichnende Ausdruck „im Felde" (MilStGB. § 9) gebraucht werden; vielmehr ist, in grundsätzlicher Übereinstimmung mit § 132 Ziff. 2 *OVE.*, aber auch mit §§ 15, 30 Preßges., 155, 160 MilStGB., 140 Ziff. 3 StGB. (149 Ziff. 3 Vorentwurf), vorauszusetzen, daß die Aufforderung, Aufreizung oder Beihilfe „in Zeiten des Krieges, Kriegszustandes oder der Kriegsgefahr" stattgefunden habe.

Die Loslösung der „Teilnahme an Fahnenflucht" von der „Falschwerbung" und ihre tatbestandsmäßige Anpassung an die Teilnahmevorschriften durch den Vorentwurf arbeiten übrigens der hier vorgeschlagenen Regelung, die „Teilnahme an Fahnenflucht" als Unterfall der „Teilnahme an militärischen Dienstpflichtverletzungen" überhaupt zu behandeln, unverkennbar vor.

Die vorgeschlagene Zusammenfassung der §§ 148, 150 Vorentwurf würde den bisher im Vorentwurf durch § 150 zerrissenen *§§ 149, 151, 152 Vorentwurf.*

---

such der Fahnenflucht kam, dagegen im übrigen den Versuch der Teilnahme straflos lassen.

[1]) S. 103.

[2]) Unter Art. 206 *SchVE.* fällt nur die Anstiftung zur Fahnenflucht.

[3]) Was Heimberger, a. a. O., meines Erachtens mit Recht befürwortet; vgl. auch Binding, Lehrb. *Bes. T. II. 2, 700.* Eine darin etwa zu findende Ungleichheit mit § 78 MilStGB. müßte gelegentlich einer Revision des MilStGB. beseitigt werden

[4]) So auch v. Koppmann-Weigel, Note 11 zu § 78 MilStGB.

[5]) So treffend v. Koppmann-Weigel, a. a. O

Zusammenhang der §§ 149, 151, 152 herstellen, welche sämtlich Verletzungen der Wehrpflicht mit Strafe bedrohen[1]).

§ 149 Vorentwurf. § 149 Vorentwurf gibt die Tatbestände und Strafdrohungen des § 140 StGB. wieder. Außer geringfügigen redaktionellen Änderungen ist nur der Tatbestand der Ziff. 2 auf die oberen Militärbeamten des Beurlaubtenstandes ausgedehnt, womit eine Lücke des bisherigen Rechts geschlossen wird[2]). Ferner ist überall wahlweise Haft zugelassen. Der Vorschlag Heimbergers[3]), in Ziff. 1 mittels Ersetzung der Worte „in der Absicht" durch die Worte „zu dem Zwecke" jeden Zweifel auszuschließen, daß „Absicht" hier nicht nur die Bedeutung von „Vorsatz" habe[4]), erledigt sich, wie die Begr. S. 505 richtig bemerkt, durch § 59 Abs. 3 Vorentwurf. Dem weiteren Vorschlag Heimbergers[5]), in Ziff. 1 u. 3 Vermögenseinziehung anzudrohen, weil diese die in solchen Fällen einzig wirksame Strafe sei, hat der Vorentwurf meines Erachtens mit Recht nicht stattgegeben, weil die Strafe der Vermögenseinziehung dem Vorentwurf sonst unbekannt, überdies durch verschiedene Verfassungen aufgehoben ist (Begr. S. 505). Der berechtigte Kern der Anregung Heimbergers kann nur dadurch verwirklicht werden, daß de lege ferenda im Verfahren gegen Abwesende, die sich der Wehrpflicht entzogen haben, nicht nur eine Vermögensbeschlagnahme zur Deckung von Geldstrafe und Kosten (StGB. § 140 Abs. 2, StPO. §§ 325, 326, 480), sondern auch zur Erzwingung der Gestellung (StPO. §§ 332—335) für statthaft erklärt wird. Diesen Weg schlägt denn auch der zurzeit dem Reichstage vorliegende Entwurf einer neuen StPO. § 452 Abs. 4 (vgl. Begr. zu Buch IV Abschnitt 6 und § 452 des Entwurfs) ein, der zur Sicherung der Gestellung des Dienstpflichtigen die Beschlagnahme von Vermögensbestandteilen bis zur Höhe von 3000 M gestattet; Abs. 3 § 140 StGB. soll dafür fortfallen (§ 11 Entwurf EG.), welche Streichung übrigens auch der Vorentwurf schon des prozessualen Inhalts[6]) jenes Absatzes halber vorsieht (Begr. S. 505).

---

[1]) Der *Sch. u. OVE.* haben entsprechende Bestimmungen, soweit ich sehe, nicht aufgenommen; vgl. dazu Heimberger, *Vergl. Darst. Bes. T. II. 450, 452, 456, 458, 460—462.*

[2]) Vgl. Olshausen, Note 7 zu § 140.

[3]) *Vergl. Darst. Bes. T. II. 465.*

[4]) Vgl. Olshausen, Note 2 zu § 140.

[5]) A. a. O. S. 465, 466.

[6]) Der § 149 Vorentwurf (§ 140 StGB.) ergänzende § 307 Ziff. 3 Vorentwurf (§ 360 Ziff. 3 StGB.) weist, zwecks seiner Anpassung an die veränderte Reichsmilitärgesetzgebung, etwas größere Veränderungen auf (Begr. S. 861; schon Heimberger, a. a. O. S. 440, 441, 465).

§ 151 Vorentwurf gibt den § 142 StGB. wieder. Die Ersetzung der Worte „auf dessen Verlangen" (§ 142 Abs. 2 StGB.) durch die Worte „mit dessen Zustimmung" ist nichts mehr als eine übrigens zu billigende Sanktionierung der bereits herrschenden Auslegung[1]). Dagegen ist es eine Erweiterung der Strafbarkeit, daß der Versuch inkriminiert ist. Diese Erweiterung rechtfertigt sich indessen durch den Hinweis auf den § 81 Abs. 3 MilStGB., insbesondere aber auf die Inkriminierung des Versuchs in dem milderen § 149 Vorentwurf (§ 140 StGB.) (Begr. S. 507)[2]). Umgekehrt ist wahlweise Haft zugelassen. *§ 151 Vorentwurf.*

Im übrigen läßt § 151 Vorentwurf den § 142 StGB. unverändert. Dies ist insoweit zu billigen, als es dabei bleiben soll, daß Täter des Delikts aus § 151 Abs. 1 S. 1 Vorentwurf (§ 142 Abs 1 StGB.) auch ein noch nicht wehrpflichtig Gewordener, d. h. ein noch nicht 17 Jahre Alter sein kann[3]). Dagegen wäre es wünschenswert gewesen, durch ausdrückliche Einschaltung der Worte „ganz oder teilweise, dauernd oder vorübergehend" festzustellen, daß zur Strafbarkeit genügt, wenn durch die Handlung der Wehrpflichtige auch nur zur Erfüllung der Wehrpflicht in ihrem vollen Umfange oder vorübergehend untauglich geworden ist[4]). Ersteres ist bereits de lege lata herrschende Ansicht (RG. Entsch. *VIII. 214*). Auch in letzterer Beziehung steht schon de lege lata fest, daß die Untauglichkeit keine „für das Leben dauernde" zu sein braucht (RG. Entsch. *XXXIII. 281*). Dagegen soll allerdings das Herbeiführen einer bloß vorübergehenden Untauglichkeit, z. B. zu einer Reserveübung, nicht genügen (RG. Entsch. *XXXIII. 280*ff.) Aber diese Auslegung, wenn sie richtig wäre, würde nur eine gesetzliche Lücke (vgl. denn auch RG. a. a. O. S. 285) und außerdem eine auffällige Ungleichheit zwischen §§ 151, 152 Vorentwurf (§§ 142, 143 StGB.) aufdecken, da nach dem letztgenannten Paragraphen ausreicht die Absicht „sich der Erfüllung der Wehrpflicht ganz oder teilweise zu entziehen", wobei das „teilweise" auch „ratione temporis" bedeuten soll (RG. Entsch. *IX. 96*)[5]).

Es ist also nicht richtig, wenn die Begr. S. 507 von einer

[1]) Olshausen, Note 5 zu § 142.

[2]) Vgl. denn auch Heimberger, *Vergl. Darst. Bes. T. II. 470.*

[3]) Vgl. auch Heimberger, a. a. O. S. 446, 468.

[4]) Ebenso bereits Heimberger, a. a. O. S. 468, 469.

[5]) Die Folge ist, daß das RG. Entsch. *XXXIII. 285* den § 143 aushilfsweise zur Ausfüllung der Lücke des § 142 heranzieht.

Änderung des § 142 StGB. in der gedachten Richtung absehen zu können glaubt, „da die Streitfragen ... durch die Rechtsprechung des obersten Gerichtshofs für die Praxis hinreichend geklärt" seien. Einesteils ist eine gesetzliche Festlegung der Praxis, daß ein Untauglichmachen „teilweise" sc. „ratione modi" genüge, um so wünschenswerter, als das entsprechende Merkmal im § 152 Vorentwurf (§ 143 StGB.) enthalten ist. Anderenteils füllt die Erklärung, daß auch das Herbeiführen „vorübergehender" Untauglichkeit genüge, mindestens eine durch die Praxis aufgedeckte Lücke aus und bringt zudem den § 151 Vorentwurf (§ 142 StGB.) mit § 152 Vorentwurf (§ 143), wo das „teilweise" bereits in diesem Sinne verstanden wird, in völlige sachliche Übereinstimmung. Selbstverständlich müßten entsprechend in § 152 Vorentwurf hinter „ganz oder teilweise" die Worte „dauernd oder vorübergehend" eingeschaltet werden [1]).

Würde der Tatbestand des § 151 Vorentwurf, wie vorgeschlagen, erweitert, so wäre Korrelat allerdings eine erhebliche Herabsetzung des Strafmindestmaßes [2]), das aber mit einem Jahr Gefängnis oder Haft ohnehin meines Erachtens in auffälligem Mißverhältnis zu den sonstigen Strafmindestmaßen des Vorentwurfs steht [3]).

Im übrigen ist noch die Fassung des § 151 Vorentwurf in zwei Punkten zu beanstanden. Einmal erscheint die Beibehaltung des „vorsätzlich" aus § 142 StGB. mit Aussicht auf § 58 Abs. 2 Vorentwurf als überflüssig. Sodann wird, infolge der Einschiebung des bisherigen Abs. 2 des § 142 StGB. zwischen Halbsatz 1 und 2 des bisherigen Abs. 1 dieses Paragraphen, die Androhung des Ehrverlustes erst an die zweite Alternative angeschlossen und hierdurch der mißverständlichen Auslegung Vorschub geleistet, als ob Ehrverlust im Falle der ersten Alternative unzulässig sei.

§ 152 Vorentwurf. § 152 Vorentwurf gibt, bis auf die alternative Zulassung von Haft, wörtlich § 143 StGB. wieder. Die Entscheidung der beiden sich an § 143 StGB. knüpfenden Streitfragen, ob auch ein Dienstuntauglicher Täter sein könne und ob die bloße lügnerische Behauptung eines von der Wehrpflicht befreienden Grundes zur

---

[1]) Um so mehr, als über die Auffassung des „teilweise" in § 143 StGB. nicht nur ratione modi, sondern auch ratione temporis mit Recht Zweifel entstanden sind; vgl. Binding, Lehrb. *Bes. T. II. 2, 693.*

[2]) So auch Heimberger, a. a. O. S. 469.

[3]) Sogar der dem § 151 Vorentwurf (§ 142 StGB.) korrespondierende § 81 MilStGB. droht als Mindestmaß nur ein Jahr Gefängnis an.

Strafbarkeit ausreiche, soll nach wie vor der Wissenschaft und Rechtsprechung überlassen bleiben (Begr. S. 508). Dies wäre an sich nicht zu billigen, wenn nicht die Beibehaltung des Wortlauts des § 143 eine genugsame, und zwar meines Erachtens richtige Entscheidung beider Streitfragen wäre. Wollte nämlich der Vorentwurf nur einen „Diensttauglichen" als Subjekt des Delikts gelten lassen, so hätte er sagen müssen: „Ein diensttauglicher Wehrpflichtiger, welcher usw."[1]). Der Wortlaut: „Wer usw." läßt sich zwanglos nur in dem Sinne auslegen, daß es auf die wirkliche Diensttauglichkeit oder -Untauglichkeit nicht ankommt[2]). Die Streitfrage aber, ob bloße Lügen zur Strafbarkeit ausreichen, kann gar nicht besser entschieden werden als durch Gebrauch des Ausdrucks „auf Täuschung berechnete Mittel". Bekanntlich hat das Reichsgericht (Entsch. *IX. 93ff., XXIX. 218*) unter dieses Merkmal bloße „Lügen" nicht subsumiert. Meines Erachtens mit Recht, und es ist kein Anlaß anzunehmen, daß von dieser Auslegung abgewichen wird. Gesetzlich aber nach Heimbergers Vorschlag[3]) ausdrücklich zu bestimmen: „Wer . . . auf Täuschung berechnete, nicht in einfachen Lügen bestehende Mittel anwendet", halte ich für bedenklich. Dann ist das Risiko, daß doch einmal wieder Lügner bestraft werden, vorzuziehen.

Daß es dagegen wünschenswert ist, hinter „ganz oder teilweise" einzuschalten „dauernd oder vorübergehend", wurde bereits oben im Anschluß an die entsprechenden Vorschläge zu § 151 Vorentwurf ausgeführt[4]). Aber noch weitere Änderungen wären zu wünschen.

Zunächst liegt, wie bereits Heimberger[5]) ausgeführt hat, kein Anlaß vor, den Teilnehmer dem Täter gleichzustellen. Eine wesentliche Abschwächung der Generalprävention, wie die Begr. S. 508 meint, würde darin nicht liegen. Sie würde jedenfalls mehr als ausgeglichen werden, wenn man, gleichfalls nach Heimbergers Vorschlag[6]), statt dessen denjenigen als Täter strafte, welcher zu-

[1]) Dies befürwortet denn auch Heimberger, a. a. O. S. 470, 471, der für die Straflosigkeit des Dienstuntauglichen eintritt.

[2]) Das gibt auch Binding, Lehrb. *Bes. T. II. 2, 692*, zu, der zu einer entgegengesetzten Interpretation nur infolge Zusammenhaltens der Strafrahmen §§ 140 Ziff. 1, 142, 143 StGB. kommt. In letzterer Beziehung muß allerdings — vgl. sofort unten im Text — eine Änderung eintreten.

[3]) A. a. O. S. 471.

[4]) Vgl. oben S. 110 zu Anm. 1 und diese Anm. 1 selbst.

[5]) A. a. O. S. 471.

[6]) A. a. O.

gunsten eines anderen die Täuschungshandlungen vornimmt[1]). Heimberger formuliert in dieser Hinsicht treffend folgenden Wortlaut:

„Wer in der Absicht, sich oder einen anderen der Erfüllung der Wehrpflicht . . . zu entziehen, . . ."

Ebenfalls der Verstärkung der Generalprävention würde die von Heimberger[2]) vorgeschlagene Inkriminierung des Versuchs dienen. Sie rechtfertigt sich in der Tat, wie die vom Vorentwurf nach Heimbergers Vorschlag vorgesehene Inkriminierung des Versuchs in § 151 Vorentwurf[3]), durch den Hinweis auf § 149 Vorentwurf (§ 140 StGB.).

Die Einbeziehung des Versuchs würde gleichzeitig die weitere sich an § 143 StGB. knüpfende Streitfrage, was unter „Anwendung" der Täuschungsmittel im Sinne des § 143 StGB. (§ 152 Vorentwurf) zu verstehen sei[4]), sachlich dahin entscheiden, daß Strafbarkeit schon eintritt, bevor von dem Täuschungsmittel der entscheidenden Instanz gegenüber „Gebrauch gemacht" ist[5]). Um so eher könnte und sollte statt „anwendet" gesagt werden: „den zuständigen Behörden oder Beamten gegenüber von . . . Gebrauch macht", um damit auszudrücken, daß zur Bestrafung wegen vollendeten Delikts ein Gebrauchmachen den zuständigen Behörden oder Beamten gegenüber erforderlich ist[6]).

Schließlich ist das von § 152 Vorentwurf (§ 143 StGB.) angedrohte Strafmaximum (fünf Jahre Gefängnis) als zu hoch zu beanstanden[7]). Es kommt dem des viel schwereren § 151 Vorentwurf (§ 142 StGB.) gleich, was um so bedenklicher dann ist, wenn, wie auch diesseits gebilligt, als Täter des Delikts aus § 152 Vorentwurf (§ 143 StGB.) unter Umständen Dienstuntaugliche in Betracht kommen. Mir scheinen, insbesondere im Hinblick auf die in § 149 Vorentwurf angedrohten Maxima, zwei Jahre Gefängnis als Höchstmaß ausreichend; doch müßte, wie in § 149 Ziff. 3 Vor-

---

1) Über die hier bestehende, auch vom Vorentwurf nicht ausgefüllte Lücke vgl. Olshausen, Note 4 zu § 143; Binding, Lehrb. *Bes. T. II. 2, 693, 694.*

2) A. a. O.

3) Vgl. oben S. 109 zu Anm. 2.

4) Vgl. darüber Olshausen, Note 3 zu § 143; Binding, a. a. O. S. 692, 693.

5) Also strafbar jedenfalls die „mittelbare Täuschung"; vgl. Olshausen a. a. O.; Binding, a. a. O. S. 693.

6) Dies verlangt auch RGEntsch. *IX. 97* zur Vollendung.

7) Ebenso bereits Heimberger, a. a. O. S. 471; vgl. auch Binding, a. a. O S. 692

entwurf, neben der Freiheitsstrafe auf Geldstrafe bis zu 3000 M erkannt werden können.

Nach alledem schlage ich an Stelle des § 152 Vorentwurf folgende Bestimmung vor:

„Wer in der Absicht, sich oder einen anderen der Erfüllung der Wehrpflicht ganz oder teilweise, dauernd oder vorübergehend zu entziehen, den zuständigen Behörden oder Beamten gegenüber von auf Täuschung berechneten Mitteln Gebrauch macht, wird mit Gefängnis oder Haft bis zu zwei Jahren bestraft; daneben kann auf Geldstrafe bis zu 3000 M erkannt werden. Auch kann auf Verlust der bürgerlichen Ehrenrechte (§ 45) erkannt werden.

Der Versuch ist strafbar[1]."

§ 153 Vorentwurf.

§ 153 Vorentwurf bringt den mit Recht von dem Mischgesetz des § 141 StGB. abgetrennten[2]) Tatbestand der sog. Falschwerbung als selbständiges Delikt. Weder im Tatbestand, noch in der Strafdrohung sind, außer der alternativen Zulassung von Haft, Änderungen vorgenommen. Einwendungen hiergegen sind nur insoweit zu erheben, als das Strafmaximum, ebenso wie es in dem aus § 141 StGB. hervorgegangenen § 150 Vorentwurf (Grundfall) geschehen ist, auf zwei Jahre Gefängnis hätte herabgesetzt werden sollen. Mit diesem Maximum begnügt sich auch der entsprechende § 134 *OVE.*[3]). Die diesem dafür neben der Freiheitsstrafe zulässige Geldstrafe wird nach in den wünschenswerten Fällen auf Grund des § 36 *DVE.* ebenfalls verhängt werden können.

§ 154 Vorentwurf.

Der letzte Paragraph des 8. Abschnitts bringt den § 291 StGB., unverändert bis auf die alternative Zulassung von Haft und die Erhöhung der Geldstrafe von 900 auf 1000 M. Die Begr. S. 509 rechtfertigt die Aufrechterhaltung dieser in Literatur[4]) und Rechtsprechung[5]) einmütig verurteilten, dem ausländischen Recht fremden[6])

---

[1]) Bei einer Revision des MilStGB. wäre dessen § 83 mit dem oben vorgeschlagenen Wortlaut, soweit es die Natur der Sache erfordert (insbesondere Strafbarkeit des Versuchs), auszugleichen.

[2]) Die Trennung fordert auch Heimberger, a. a. O. S. 467.

[3]) In den *SchVE.* ist, soweit ich sehe, kein entsprechender Artikel aufgenommen; vgl. auch Heimberger, a. a. O. S. 452.

[4]) Harburger, *Vergl. Darst. Bes. T. VI. 309—312, 373*; Binding, Lehrb. *Bes. T. I.* (2. Aufl.) *311.*

[5]) RG. Entsch. *XXXIX. 28* nennt das Verhältnis des § 291 StGB. zum Diebstahl und zur Unterschlagung „nicht zweifelsfrei".

[6]) Harburger, a. a. O. S. 311, 312; Begr. S. 508 Note 4. Wenn ich

Bestimmung mit der Schwierigkeit des zur Verurteilung wegen Diebstahls oder Unterschlagung erforderlichen Nachweises, daß das Geschoß nicht herrenlos gewesen sei, und daß der Täter es auch nicht dafür gehalten habe.

Indessen dieser Nachweis ist nicht schwieriger als der Nachweis des erforderlichen objektiven und subjektiven Tatbestandes in vielen anderen Fällen. Im Gegenteil, es ist allgemein bekannt, daß die Militärbehörde verschossene Munition aufsuchen läßt, mithin jedenfalls vorerst nicht an eine Aufgabe des Eigentums verschossener Munition denkt; anders nur in Ausnahmefällen, wie regelmäßig bei Übungen auf offener See, wo dann aber auch, wenigstens nach herrschender Ansicht, § 291 StGB. so wenig Platz greift, wie bei nachträglicher Dereliktion[1]). Zur Sicherheit kann jederzeit durch Warnungstafeln auf den Schießplätzen noch besonders auf das Eigentum der Militärbehörde hingewiesen werden, was übrigens (vgl. RG. Entsch. *XXXIX. 27*) üblich ist[2]). Ganz mühelos gestaltet sich der Nachweis des fortdauernden Eigentums des Militärfiskus an der verschossenen Munition und seiner Kenntnis durch den Täter in den Fällen, wo der Militärbehörde auch der Gewahrsam verblieben ist. Zu diesen Fällen rechnen jedenfalls alle, in denen die verschossene Munition sich in die Kugelfänge der Schießstände eingebohrt hat; aber auch weiter diejenigen, in denen sich die verschossene Munition noch innerhalb der Schießstände befindet,

recht sehe, hat nunmehr auch noch der *OVE.* die von früheren Entwürfen im Anschluß an § 291 StGB. aufgenommene Bestimmung fallen gelassen.

[1]) Vgl. Frank, Nr. I zu § 291 StGB und die dort Zitierten; and. Ans. nur Mettgenberg, i. d. Ztschr. f. Strafrechtswiss. *XXVIII. 87*, der, unter Hinweis auf übrigens von der Begr. S 509 gleichfalls betonte sicherheitspolizeiliche Interessen, § 291 StGB. auch auf von der Militärbehörde tatsächlich derelinquierte Munition anwenden will. Aber § 291 StGB. — und die systematische Rubrizierung von § 154 Vorentwurf bestätigt es ad oculos — soll nur die Interessen der Militärverwaltung schützen; sicherheitspolizeiliche Bedürfnisse mögen durch andere Vorschriften befriedigt werden. Die ausdrückliche Aufnahme des Tatbestandsmerkmals „widerrechtlich" in § 291 StGB. (§ 154 Vorentwurf) verhindert außerdem, ein Aneignungsverbot im Sinne von § 958 Abs. 2 BGB. aus § 291 StGB. selbst zu deduzieren (so auch Frank a. a. O.); daß damit allerdings der ganze Zweck der Vorschrift illusorisch wird, darüber vgl. weiter unten im Text. — Verschossene Torpedos gelten natürlich nicht als derelinquiert; insoweit ist Mettgenberg, a. a. O. S. 79, 86, zuzustimmen.

[2]) Auf diese praktische Möglichkeit, den § 291 StGB. zu ersetzen, hat bereits seinerzeit Hugo Meyer, Das nordd. Strafr., eine Beurteilung des Entwurfs e. StGB. f. d. Nordd. Bund, 1869, S. 75, 76, hingewiesen.

und zwar nicht nur dann, wenn die Schießstände verschlossen sind, sondern regelmäßig auch dann, wenn sie es nicht sind[1]). Harburger[2]) weist mit Recht auf die Parallele des auf dem Felde zurückgelassenen Ackergerätes hin, welches gleichfalls im Gewahrsam des Berechtigten verbleibt.

Der beste Beweis für die Entbehrlichkeit des § 291 StGB. und also auch des § 154 Vorentwurf ist, daß daß RG. (Entsch. *XXXIX. 26*) Diebstahl, bzw. Unterschlagung an dem § 291 StGB. (§ 154 Vorentwurf) nicht unterfallenden Hülsen von Infanterietruppen verschossener Patronen angenommen hat, obgleich der Schießplatz, auf dem diese sich befanden, frei zugänglich war.

Es muß danach die bereits von Harburger[3]) aufgestellte Forderung, den § 291 StGB. zu streichen, dem § 154 Vorentwurf gegenüber wiederholt werden.

Soll aber § 291 StGB. (§ 154 Vorentwurf) beibehalten werden, so ist mindestens eine Revision seines Tatbestandes und eine Klarstellung seines Konkurrenzverhältnisses zum Diebstahl und zur Unterschlagung zu fordern.

In ersterer Beziehung ist nicht gerechtfertigt, daß zwar nur die verschossene Artilleriemunition in vollem Umfang und in jedem Falle, die aus den Handfeuerwaffen verschossene Munition aber nur insoweit geschützt wird, als es sich um die „Bleikugeln"[4]) selbst handelt[5]), und als sich diese in den „Kugelfängen der Schießstände" befinden. Geradezu unklar ist, warum umgekehrt nur die bei „Übungen" verschossene Artilleriemunition geschützt wird, die aus Handfeuerwaffen aber schon dann, wenn sie von einzelnen Soldaten verschossen wurde[6]). Es müßte also der Strafschutz einheitlich „der bei Truppenübungen verschossenen Munition" zuteil werden. Vor allem

---

[1]) Erst recht ist es für die noch in Kugelfängen steckende Munition meines Erachtens gleichgültig, ob die Kugelfänge verschlossen oder offen sind; anders allerdings RG. Rechtsprechung *II. 490*.

[2]) A. a. O. S. 311.

[3]) A. a. O. S. 311, 373; ebenso Mettgenberg, a. a. O. S. 87, 88.

[4]) Der Ausdruck ist zudem für die heutigen Militärkugeln ungenau; vgl. Mettgenberg, a. a. O. S. 78.

[5]) Also nicht um die Messinghülsen; RG. Entsch. *XXXIX. 26*.

[6]) Mettgenberg, S. 77. Um (sc. „deutsche", vgl. oben unter I) militärische Munition muß es sich wohl auf alle Fälle handeln, obgleich der Wortlaut z. T. dagegen spricht. An einem Strafschutz der im ernsten Gefechte verschossenen Munition besteht, in Ermangelung der Einsammlungsmöglichkeit, kein Interesse. Vgl. Mettgenberg, S. 78, 79.

aber müßte, soll der von der Begr. erstrebte Zweck überhaupt erreicht werden, das „widerrechtlich" aus § 291 StGB. in § 154 Vorentwurf gestrichen werden. Denn der ausdrücklichen Aufnahme des „widerrechtlich" muß die Bedeutung beigelegt werden, daß zur Strafbarkeit der Nachweis des fortdauernden fiskalischen Eigentums und seiner Kenntnis durch den Täter erforderlich ist[1]), m. a. W. also gerade der Nachweis, den zu vermeiden der Vorentwurf den § 154 aufgenommen hat (Begr. S. 509). Nur wenn das „widerrechtlich" fortfällt, kann man aus § 154 Vorentwurf ein Aneignungsverbot im Sinne des § 958 Abs. 2 BGB. ableiten, demzufolge dann die Aneignung verschossener militärischer Munition schlechthin als widerrechtlich und strafbar erscheint.

Die in eventum vorgeschlagene Revision des Tatbestandes des § 291 StGB. (§ 154 Vorentwurf) würde gleichzeitig das zweite aufzustellende Erfordernis im wesentlichen befriedigen, nämlich das Konkurrenzverhältnis des Paragraphen zu den Diebstahls- und Unterschlagungsvorschriften klarstellen. Dieses Konkurrenzverhältnis ist seit dem ersten Auftauchen des Paragraphen im preußischen Recht unklar und bestritten gewesen[2]). Es geht nicht an, daß dieser Zustand in die Zeit des künftigen deutschen StGB. übernommen wird. Das Reichsgericht (Rechtsprechung II. 490 ff.) hat Subsidiarität des § 291 gegenüber den §§ 242, 246 StGB. angenommen, da sonst der Munition in einem Privatschießstand unter gleichen Bedingungen ein größerer Schutz zuteil werde als der militärischen. So, wie § 291 StGB. (§ 154 Vorentwurf) zurzeit gefaßt ist, erscheint die Annahme des RG. mit dem Wortlaut des Gesetzes unvereinbar[3]). Da der Paragraph nämlich ausdrücklich eine aus anderen Normen abzuleitende „Widerrechtlichkeit" und für die Zueignung von „Bleikugeln" speziell noch verlangt, daß dieselben sich in den „Kugelfängen der Schießstände" befanden, ist begrifflich die unter § 291 StGB. (§ 154 Vorentwurf) fallende Zueignung verschossener Artilleriemunition immer mindestens Unterschlagung, die unter ihn fallende Zueignung verschossener „Bleikugeln aus den Kugelfängen der Schießstände der Truppen" stets Diebstahl[4]). Das Konkurrenzverhältnis

---

[1]) Vgl. bereits oben S. 114 Anm. 1.

[2]) Vgl. darüber Mettgenberg, a. a. O. S. 80 ff.

[3]) So auch Mettgenberg, a. a. O. S. 83 ff.

[4]) Ob die Kugelfänge offen oder verschlossen sind, ist m. E. gleichgültig; vgl. oben S. 115 Anm. 1. — Wie im Text grundsätzlich Binding,

zwischen § 291 StGB. (§ 154 Vorentwurf) und den Diebstahls- und Unterschlagungsvorschriften ist also nicht das Gesetzeskonkurrenzverhältnis der Subsidiarität, sondern das der Spezialität[1]). Erfreulich ist dieses Ergebnis allerdings nicht[2]). Denn nicht nur genießt, wie schon das RG. richtig bemerkt, alsdann die von Privatpersonen verschossene Munition, wenn die Voraussetzungen vorliegen, stärkeren Strafschutz als die militärische Munition, sondern infolge der kasuistischen Fassung des § 291 StGB. (§ 154 Vorentwurf) gilt dasselbe von der verschossenen militärischen Munition, die nicht unter unseren Paragraphen fällt[3]).

Wird dagegen die Bestimmung, wie in eventum vorgeschlagen, dahin gefaßt:

> „Wer sich die bei Truppenübungen verschossene Munition zueignet“ usw.,

so ist das allein sinn- und zweckgemäße Subsidiaritätsverhältnis der Bestimmung zu den Diebstahls- und Unterschlagungsvorschriften klargestellt. Hand in Hand damit könnte und müßte, in Rückkehr zum preuß. StGB. (§ 349 Ziff. 5), eine Degradierung des Delikts zu einer Übertretung[4]) vorgenommen werden.

Würde es zu einer Einarbeitung der strafrechtlichen Nebengesetze in den Vorentwurf, ganz oder teilweise, kommen, so wäre für den 8. Abschnitt die Einstellung der §§ 15, 18 Ziff. 1 des Preßges. in Erwägung zu ziehen.

Lehrb. *Bes. T. I. 310, 311;* Frank, Nr. II zu § 291; Mettgenberg, a. a. O. S. 84, 85; jetzt auch v. Liszt, Lehrb. 16. u. 17. Aufl., § 129 IV.

[1]) So auch die herrschende Meinung; vgl. die bei Mettgenberg S. 81 Note 24 Zitierten, nunmehr auch v. Liszt, a. a. O.

[2]) So auch Mettgenberg, a. a. O. S. 85.

[3]) So z. B. die Hülsen von Patronen aus Handfeuerwaffen; vgl. RG.Entsch. *XXXIX. 26.*

[4]) In diesem Falle käme in Frage ein Hinweis im Tatbestand darauf, daß es sich um von „deutschen“ Truppen verschossene Munition handeln muß; vgl. dazu oben S. 115 Anm. 6.

FSC
www.fsc.org
MIX
Papier | Fördert gute Waldnutzung
FSC® C083411

Kolibri 360 GmbH
Ferdinand-Jühlke-Straße 7
99095 Erfurt, Deutschland
produktsicherheit@kolibri360.de